더 블레싱

격려의 교육이 주는 복

최 영 찬 지음

교육과학사

최영찬

격려의 달인이 되고자 오늘도 절차탁마의 노력을 하면서, 교수로서 그리고 목사로서 섬기고 있다. 학부에서 영어영문학을 전공하였고, 「영어를 잘한다는 표현에 관한 연구」로 논문을 썼다. Talbot 신학교에서 목회학 석사(M.Div) 과정을 공부하면서, 제자도와 사복음서로 유명한 마이클 윌킨스 교수의 지도를 받았고, 설교학의 대가인 수뉴키얀 교수의 가르침을 받았고, 우등졸업(high honor)을 하였다. 동 대학원에서 Ph.D. 과정을 공부하면서, 학장의 RA(Research Assistant)로 일하면서, 인간발달에 대한 각종 최신 이론들을 정리하였고, 관련이론들을 성경적/신학적 관점에서 조명하는 기회를 가지기도 했다. 교육학 박사(Ed.D.)를 Biola University에서, 언약신학의 관점에서, 기독교학교에 자녀를 보내는 부모의 동기를 조명하는 논문을 써서 취득하였다. 미국의 International Christian Education College에서 가르쳤으며, 백석대학교(구, 천안대학교)의 학부 및 대학원에서 교수로서, 교육철학, 교육신학, 기독교 세계관 등의 과목을 가르치고 있다.

“In this fine volume Dr. Choi demonstrates his commitment to Scripture by defining a process of Christian Education that encourages careful attention to biblical priorities of heart-change. He continues to seek biblical faithfulness as he develops implications for an educational process that aims at conformity to the image of Christ.”

Dr. Dennis Dirks. Dean, Talbot School of Theology

“Dr. Yeong Chan Choi's understanding of education for encouragement is a stimulating perspective on our teaching ministries that can give us a new vision for what we are doing. Teaching as encouraging the heart gives us a new way of thinking about our educational ministries in the church. I appreciate Dr. Yeong Chan Choi's work to help us understand this aspect of our work. Congratulations to Dr. Yeong Chan Choi for the publication of this book. His message of teaching as encouraging the heart will surely encourage a lot of people engaged in the educational ministry of the church.”

Dr. Lawson. Chief Editor of Christian Education Journal

프롤로그(Prologue)

"경녀"와의 만남

몇 년 전 어느 봄날 이런 신기한 꿈을 꾸었습니다. 저는 미국의 한 대학에서 교육학 박사학위 수여를 두 달 정도 남겨두고 있었고, 공부를 마치면 한국의 한 교회에 가서 청년부를 맡아서 사역을 시작하게 될 예정이었습니다. 저는 박사학위 논문을 마무리 하느라 정신이 하나도 없었고, 공부를 마치면 귀국한다는 생각에 기쁜 나날을 보내고 있었습니다. 그러던 제가, 어느 날 이상한 꿈을 꾸게 됩니다. 그 꿈의 내용은 다음과 같습니다.

나는 한국에 들어오게 되면 한 교회에서 청년들을 지도하기로 되어 있었는데, 그 교회에서 오후 2시의 청년 예배를 인도하고 설교를 하기로 되어 있었습니다. 그런데, 오후 1시가 조금 넘어서, 졸리는 겁니다. 저는 꿈속에서 청년들에게 말합니다.

"애들아, 나 지금 엄청나게 졸리니까 잠깐 여기 누워서 잘께. 예배 시작하기 전에 와서 나를 깨워라? 예배인도도 해야 하고 설교도 해야 되니까."

그런데, 그 꿈속에서 제가 잠을 깨어나 보니까, 오후 4시가 넘었습니다. 저는 화가 났습니다. 예배 시작 시간인 오후 2시 이전에 나를 깨워 달라고 그렇게 당부했건만, 아무도 나를 깨우지 않은 것입니다. 나를 깨우지 않은 것도 이상했지만, 예배가 끝났을 시간인데, 예배인도와 설교를 누가 대신 했는지 정말 궁금했습니다. 저는 청년들에게 물었습니다.

"얘들아, 예배 어떻게 된 거야? 나 깨우라고 했잖아. 도대체 설교는 누가 했니?"

그러자 청년들이 이런 대답을 합니다.

"경녀라는 분이 와서 대신하고 가셨어요."

그 말을 들은 나는 너무나도 화가 났습니다.

"뭐? 경녀? 그 여자분 이름이 정확히 뭐야? 김경녀? 아니면, 박경녀? 아니면, 최경녀? 그 사람이 누구지?"

저는 여기서 잠을 깨었습니다. 새벽이었습니다. 이 꿈이 너무나도 이상해서, 저는 저의 큐티노트에다가 적었습니다. 이 꿈의 내용을 적기 시작했습니다. 그러면서, 이 사람이 누군지 가서 알아봐야 되겠다는 생각을 하게 됩니다. 저는 입술로 그 사람 이름을 반복해서 말하다가, 그 의미를 깨닫게 됩니다. 저는 무릎을 탁 쳤습니다.

"아하!!! 그것은 사람의 이름이 아니구나. 경녀가 아니라 격려였구나. 김경녀도 아니고 박경녀도 아니고, 바로 격려. 영어로 encouragement!! 내가 설교를 할 때에 그 설교의 메시지가 사람들에게 격려를 주지 못할 바에는 그냥 누워서 자는 게 낫다는 말이구나! 그래, 지금 우리나라 청년들이 얼마나 큰 실의에 빠져 있는가? 높은 실업률에 좋지 못한 경기. 늦어지는 결혼. 불안한 사회. 무한 경쟁. 그래, 하나님께서 내게 말씀하고 있구나. 사람들에게 격려를 주라고. 격려하지 못하고 율법적인 설교나 상처를 주는 설교를 할 바에는 아예 누워서 자는 게 낫다는 뜻이로구나. 하나님 감사합니다. 청년들에게, 그리고 성도들에게, 그리고 모든 사람들에게 격려를 주는 설교와 격려가 되는 말을 하면서 살게요."

물론 이 꿈이, 성경만큼 정확한 계시는 아닙니다. 단지 필자가 어떤 꿈을 꾸고, 그 꿈을 나름대로 해석한 것입니다. 하지만, 이 꿈을 꾼 다음에, 틈나는 대로 격려에 대해서 연구하고 묵상하고, 격려의 설교를 하고, 격려에 대한 성경공부를 하고, 격려의 교육학을 가르치는 동안에 이 꿈이 얼마나 영향력 있는 꿈인가를 알게 되었습니다. 이 책에서 저는 격려가 무엇이고, 격려의 파워가 어떤 것이며, 격려의 교육을 실천하는 방법들에 대한 저의 관찰을 모아 보았습니다.

본서의 큰 틀을 먼저 보고 나서 책을 읽으시려면, 이 책의 맨 마지막 부분에 나오는 두 개의 도표를 먼저 보시면 큰 도움이 될 것입니다.

Soli Deo Gloria

차 례(contents)

격려의 교육 ▸ 35

격려의 교육을 통해 회복되는 8가지 성향과 8가지 복 ▸ 49

격려의 정의

'**격려**'에 대한 정의는 여러 가지로 내릴 수 있습니다. 다음에서 보듯이 격려는 여러 가지의 의미를 가지고 있습니다.

국어사전에는 이렇게 말합니다. '격려[激勵] 용기나 의욕이 솟아나도록 북돋워 줌.'

격려를 영어로는 encouragement라고 합니다. 이것은 동사를 만들어 주는 접두사 en과 courage(용기라는 말로 흔히 번역됨)의 합성어입니다.

그렇다면, 단순히 용기를 북돋워 준다는 뜻으로 우리는 해석을 하기 쉽습니다. 하지만, 그 어원을 다루고 있는 어원사전을 찾아보면, 더 정확한 뜻을 우리는 발견하게 됩니다. 영어의 courage라는 단어의 발달을 다룬 사전을 찾아보면, 다음과 같이 되어 있습니다.

c.1300, from O.Fr. corage, from V.L. *coraticum, from L. cor "heart," which remains a common metaphor for inner strength. In M.E., used broadly for "what is in one's mind or thoughts," hence "bravery," but also "wrath, pride, confidence, lustiness," or any sort of inclination.

이를 대략적으로 번역해 보면 다음과 같습니다.

약 1300년경에, 구(舊) 프랑스어의 corage, 그리고 라틴어의 심장을 뜻하는 'cor'에서 나온 말인데, 마음속에 있는 내적인 힘을 뜻하는 단어임. 중세영어에서, '사람의 마음이나 생각 속에 있는 것' 따라서 '용기', 그리고 때로는 '분노, 자만감, 자신감, 탐욕'을 포함하기도 하며, 또한 모든 종류의 성향을 말함.

이 사전에서 성경적인 격려를 이해하는 데 도움이 되는 개념이 나옵니다. 그것은 바로 '심장'이라는 개념과 '성향(inclination)'이라는 개념입니다. 성경적인 의미에서의 격려는, 제가 그 동안 신학과 교육학을 공부하면서 깨달은 바로는, 바로 다음과 같습니다.

"격려란 타락한 인간의 심장/성향의 원형을 회복해가는 과정이다[1]."

1 격려: 영혼의 산소라는 책의 저자인 데릭방햄은 격려(encouragement)를 뜻하는 헬라어가 신

이 정의를 읽는 데는 1초도 걸리지 않겠지만, 이것을 깨닫게 되기까지는 십 년 이상의 세월이 필요했습니다. 이 정의의 각 부분을 보면서, 성경에서 말씀하시는 격려가 어떤 것인가를 설명하겠습니다.

심장의 원형을 회복함

원형을 회복해야 한다는 것은 무엇을 전제로 합니까? 바로 우리의 심장에 문제가 있다는 것을 의미합니다. 여기서의 심장은 바로 우리의 성향을 의미합니다. 우리의 성향은 바로 죄성입니다. 우리는 선천성 심장병환자로 태어나는 것입니다. 우리는 태어날 때부터, 마땅히 사랑해야 할 것을 사랑하지 못하고, 마땅히 사랑하지 말아야 할 것을 사랑하는 성향을 지니고 태어납니다. 이것을 신학적으로는 죄성이라고 합니다. 그런데, 이것을 보다 이해하기 쉬운 언어로 표현하자면, 우리의 영적인 심장이 깨어지고 고장난 채로 태어난다는 말입니다. 이것을 또 다른 신학적인 개념을 써서 표현한다면, '하나님의 형상(image of God; Imago Deo)'을 잃어버리고, 그 이미지가 깨어진 채로 태어난다는 것입니다. 하지만, 이것을 쉬운 말로 한다면, 우리는 영적인 심장병 환자로 태어난다는 것입니다.

사람이 육체적인 심장병이 걸리면, 피가 순환하는 데 어려움이 생기게 되고, 그것을 고치지 않으면 고통을 당하다가 일찍 죽음을 맞

약성경에 세 가지가 나온다고 합니다: '앞으로 나가게 하다', '의무를 이행하게 하다', '위로하고 격려하다', 또한, 격려를 통한 상담의 저자인 로렌스 크랩은 '격려란 사람들로 하여금 어려운 삶 속에서도 보다 훌륭한 그리스도인이 되기를 갈망하도록 하기 위해 건네주는 친절한 말'이라고 한다. 하지만, 이 해석은, 히브리서 10장 24절에 주로 근거한 것으로서 받아들이기 힘들다.

이하게 됩니다. 육체적인 심장병은 심방이나 심실에 문제가 있는 것을 의미합니다. 그런데, 영적인 심장병의 증상은 이것입니다: '마땅히 사랑해야 할 대상을 사랑하지 못하고, 마땅히 사랑해야 할 대상을 사랑하게 되는 증상'. 이것이 바로 영적인 심장병이고, 인간은 아담 이후에 모두 다 예외 없이 이런 증상과 이런 성향(inclination)을 가지고 태어납니다. 그리고, 이런 성향, 즉 선천성 심장병을 가지고 태어나기 때문에, 우리는 이 땅에서 고통을 당하면서 삽니다.

이것을 신학적으로는 죄성을 가지고 태어났다라고 말합니다. 고장난 심장. 그것은 바로 사랑하지 말아야 할 것을 사랑하는 심장입니다. 죄성을 가지고 태어난 우리는, 그것을 그대로 내버려 두면, 그 심장은 우리로 하여금 다음에 나열된 성향들을 따라서 살도록 만듭니다.

> 음행과 더러움과 방탕과 우상숭배와 원수 맺는 것과 다툼과 시기와 화내는 것과 당파심과 분열과 이단과 질투와 술주정과 흥청대면서 먹고 마시는 것(현대인의 성경, 갈라디아서 5:19-21).
>
> 자기를 사랑하고 돈을 사랑하며 뽐내고 교만하고 하나님을 모독하고 부모에게 순종하지 않을 것입니다. 그들은 감사할 줄도 모르고 거룩하지도 않으며, 사랑이 없고 용서하지 않고 남을 헐뜯고 자제하지 못하며 사납고 선한 것을 싫어하고, 배반하고 조급하고 거만하고 하나님보다 쾌락을 더 사랑하고, 겉으로는 신앙심이 있는 듯 보이지만 그 능력을 거부할 것입니다(현대인의 성경, 디모데후서 3:2-5).
>
> 사랑에는 두려움이 없습니다. 완전한 사랑은 오히려 두려움을 내어 쫓습니다. 두려움은 벌 받을 일을 생각할 때 생기는 것입니다. 그러므로 두려워하는 것은 아직 사랑을 완성하지 못한 증거입니다(현대인의 성경, 요한일서 4:18).

우리의 성향/심장은 위에 나열한 것들을 좋아하거나, 이러한 것들로 가득합니다. 음란, 방탕, 다툼, 시기, 먹고 마시기, 자기사랑, 돈에 대한 사랑, 불순종, 불평, 무절제, 조급함, 쾌락사랑, 거만함, 그리고 두려움.

여기에 나열된 우리의 선천성 심장병을 크게 두 가지로 나눌 수 있습니다. 하나는, 마땅히 사랑해야 할 것을 사랑하는 성향이 약하고, 마땅히 사랑해서는 안 될 것을 멀리하는 성향이 약한 증상입니다. 또 다른 하나는 두려워하는 증상입니다. 이것을 더 요약하자면, 하나는 성향적인 증상이고, 또 다른 하나는 바로 두려움을 잘 느끼는 증상입니다.

우리는, 이런 병든 심장, 고장난 심장을 가지고 태어난 것입니다. 그런데, 이런 성향을 고치지 않으면, 우리는 평생을 고통 속에서 살 수밖에 없습니다. 사랑해서는 안 될 것을 사랑하는 것이 가장 큰 고통인 것입니다. 다른 말로 하면, 우리가 계속해서 사랑하면 할수록 우리를 고통 속으로 몰아넣는 것들이 있는데, 바로 위에 나열된 우리의 성향/심장인 것입니다. 따라서 우리는, 이 심장을 고치는 데 우리의 삶의 관심을 기울여야 하는 것입니다. 그리고, 우리 주변에서 이 심장병으로 고통당하는 사람들에게 찾아가서, 그것을 고치는 비결에 대해서 말을 해주는 것입니다.

고통의 문제

고통의 문제에 대해서 많은 기독교학자들이 그 해답을 제시하려고 애를 썼습니다. 특히, 유명한 옥스포드 출신의 유명한 크리스찬 문필가인 C. S. Lweis도 『고통의 문제(The Problem of Pain)』라는 책에서 고통에 대해서 성경적 관점에서 나름대로, 그 본질을 규명해보려고 노력했습니다. 국내에서 출판된 책들 가운데에서도, 고통의 본질과 고통에 담긴 의미를 풀어보려고 노력한 작품들도 다수 있습니다. 하지만, 제가 읽은 어떤 책도 고통의 문제를, 사랑/성향/심장의 관점에서 다루지 않았습니다. 즉, 우리가 마땅히 사랑해야 할 것을 사랑하지 못하고, 사랑해서는 안 될 것을 사랑하는 우리의 심장, 즉 병든 심장 때문이라고 말하지는 않고 있습니다. 하지만, 우리의 인생의 본질적인 고통의 문제는, 바로 여기에 있는 것입니다. 우리가 마땅히 사랑해야 하는 것을 사랑하지 못하고, 우리가 사랑해서는 안 될 것을 사랑하는 상태에 머물 때에, 우리는 고통을 당하게 됩니다. 그 예를 몇 가지 들어보려 합니다.

사랑해서는 안 될 대상을 사랑하는 성향 때문에 오는 고통

커피에 대한 사랑

커피를 마시는 것 자체가 죄는 아니지만, 커피를 하루에 10잔정도 마시게 된 것을 예로 먼저 들어보겠습니다. 저는 커피를 마시는 것이 습관이 되어서, 커피를 많이 마시는 성향, 커피향만 맡아도 커피를 마시지 않으면 안 되는 성향이 저의 안에 자리 잡았습니다. 그런데, 커피를 매일 열 잔씩 마시게 되니까, 몸에 많은 이상이 오기 시작했습니다. 그래서, 커피를 끊어보려고 하는데, 그 커피가 끊어지질 않습니다. 나는 커피를 마시는 것을 너무나도 좋아하는 사람이 되었고, 나의 몸이 커피를 넣어주지 않으면, 잘 돌아가질 않는 상태가 이미 되어버린 것입니다. 하루 정도는 참으면서 1잔만 마시지만, 다시금 3일이 못되어서, 커피를 다시금 찾게 되는 나 자신을 발견하게 됩니다. 그런데, 과도하게 커피를 마시게 됨으로써, 필요 이상으로 커피를 사랑하게 되어서, 나의 몸은 병들기 시작하고, 몸이 부분적으로 떨리고, 뼈에 이상이 생기는 것을 느끼기 시작합니다. 커피 자체가 나쁜 것은 아니지만, 커피를 필요 이상으로 사랑하게 되자, 저는 신체적인 고통과 정신적인 고통에 빠지게 됩니다. 하지만, 이런 기분을 순간적으로 누그러뜨리려고, 다시 커피를 마시게 되고, 나의 몸은 또 다른 차원의 고통을 경험하게 됩니다.

배우자 이외의 이성에 대한 사랑

김요한(가명)이라는 친구가 있습니다. 이 친구가 자신의 스토리를 책에 쓰는 것에 동의했기에, 그 내용을 적습니다. 이 친구가 하루는 자신의 아내가 아닌, 같이 공부하는 한 처녀를 사랑하게 됩니다. 그 사랑의 마음이 너무나도 격렬해서, 그 유학생을 하루라도 보지 않으면, 잠을 잘 수 없는 지경에 이르게 되었습니다. 하지만, 자신은 목사이고, 유부남이기 때문에, 그 처녀에게 관심을 표현하면 안 되겠다는 결심을 합니다. 하지만, 그 결심도 잠시뿐, 그 처녀 유학생이 하루 종일 머리에 아른거려서 도저히 공부에 집중할 수도 없고, 자신의 아내가 더 이상 사랑스러워 보이지도 않았습니다. 그리고, 그 자매에게서 평소에 아내에 대해서 가지고 있던 모든 불만사항들이 완벽하게 구비되어 있는 것을 보게 됩니다. 그리고 여러 가지로 갈등을 합니다. 심지어 자신의 목사직과 학위와 가정을 포기하는 한이 있더라도, 자신의 아내와 이혼을 하고, 그 자매와 결혼을 하고 싶다는 감정에까지 이르게 되었습니다. 하지만 그 자매와 결혼을 하게 되면, 자신 때문에 고통을 당해야 할 아내와 자식을 생각하니까, 그것도 고통스러웠습니다.

그래서, 이러한 고통 가운데, 이 친구는 기도를 하기 시작했습니다.

"주님. 그 처녀를 잊게 해 주옵소서. 제 마음속에서 그 사람을 잊게 해 주옵소서."

그런데, 한 시간을 기도해도, 두 시간을 기도해도, 기도를 하면 할수록, 그 사람에 대한 생각이 간절해집니다. 그리고, 기도를 하면 할수록, 자신의 아내와 자녀를 버리고, 모든 것을 포기하고 싶은 마음이 듭니다. 혼자의 힘으로는 그 사람에 대한 그릇된 연정을 이길 수 없을 것으로 판단한 그 친구는, 자신의 아내에게 자신의 감정을 털어놓고 같이 기도해 달라고 말합니다. 그리고, 그는 결국, 그 뒤로 3달여 간의 기도 끝에, 그 사람에 대한 연정을 이길 수 있었다고 합니다.

그런데, 그가 당했던 그 심적인 고통에 대해서, 그 친구는 이렇게 말합니다.

"내 고통은, 마치 내가 빨갛게 달아오른 석탄을 삼키는 것만 같았고, 나의 심장이 불타는 것만 같았어. 그리고, 아내가 아닌 다른 사람을 사랑하게 되고, 연정을 느끼는 것이 얼마나 큰 고통인지 깨달았다네. 다시는 아내가 아닌 다른 사람을 사랑하지 않을 거야."

자신이 마땅히 사랑해야 할 아내를 사랑하지 못하고, 아내가 아닌 다른 사람을 사랑하게 되는 상태에서, 그 친구는 엄청난 고통을 느끼게 된 것입니다. 만일, 이 친구의 심장(성향)이 건강해져서, 자신의 아내에게 그런 불같은 사랑을 느끼게 된다면, 그는 정말로 행복할 것입니다. 마땅히 사랑해야 할 대상을 사랑하게 될 때에, 큰 행복이 있다는 것을 보여줍니다.

음란물에 대한 사랑으로 인한 고통

많은 남성들이 고통스러워하는 문제 중의 하나는 바로 인터넷 포르노입니다. 한 형제는, 그것을 안보기 위해서, 컴퓨터를 연구실에서만 켜게 되었다고 합니다. 그리고, 또 다른 한 형제는, 그것을 이기기 위해서, 여러 가지의 피나는 노력을 했다고 합니다. 안 보려고 해도, 중독성이 되서 자꾸만 보게 되고, 그것을 보게 되면, 허탈감에 빠지게 된다는 것입니다. 그리고, 그것으로 인해서 자신감이 없어지거나 몸이 나른해지게 되고, 자괴감과 죄책감이 든다는 것입니다. 그리고, 심적으로나 육체적으로나 고통스러워합니다. 이것이 바로 사랑하지 말아야 할 것을 사랑하는 사람에게 오는 고통입니다. 물론 건강한 성욕은 죄가 아니지만, 과도한 음란물에 노출되는 것은 우리를 고통 속으로 몰아넣습니다.

심장에 두려움이 들어오게 됨으로써 당하는 고통

아담이 죄를 범하기 전에는 사람에게 두려움이라는 것이 없었습니다. 그 원래의 심장은 평온과 평안의 상태에 있었습니다. 하지만, 아담이 원죄를 범하게 된 이후에는, 모든 이 땅에 태어나는 사람들은 두려움을 경험하게 됩니다. 즉, 그 심장이 약해지고 고장이 나게 된 것입니다. 이에 대해서, 유명한 격려 상담자인 크랩(Crabb)은 다음과 같이 말하고 있습니다.

"아담의 감정의 핵심을 생각해 보자. 그는 두려워했다. 그가 죄를 범하기 전에는 두려워할 것이 없었다. 그는 하나님과 우호적인 관계에 있었으며, 부부간에 말다툼도 없었고, 잡초가 있는 동산에는 식량이 풍족했으며, 그가 하는 일은 안전하고도 의미 있는 것이었다. 그러나, 죄가 낙원에 침입했을 때 낙원은 상실되었다. 질서의 파괴, 불안정, 감정적 압박, 파괴된 관계 및 죽음이 찾아왔다. 아담은 그 이후 그의 자손들의 경우처럼 인간의 여러 가지 곤란한 의문들에 갑자기 직면하게 되었다." (pp.33-34)

그리고 사람들은 이런 질문들을 하게 되었습니다. 내가 당한 문제들에 대한 해결방법은 있는가? 삶은 계속될 것인가? 나는 영원히 버림받을 운명에 처해 있는가? 나 혼자의 힘으로 그것을 해낼 수 있을까? 나의 결혼이 실패할 것인가? 이 질문들의 공통점은, 두려움입니다.(pp.34)

원래의 심장, 즉 심장의 원형은, 두려움을 모르는 심장이었습니다. 그런데, 원죄로 인해서 이 심장은 두려움에 매우 약한 심장이 되어버린 것입니다. 우리의 성향/심장은 두려움을 이기기 힘들게 되어 있고, 우리는 그렇게 태어난 것입니다. 물론, 자기 자신의 노력으로 그것을 다소 극복하는 경우도 있지만, 두려움에 대한 근원적인 치료는 되지 못합니다. 왜냐하면, 그것은 우리의 성향/심장이 그렇기 때문입니다.

심장병을 고치는(심장의 원형을 회복시키는) 약(medicine)

우리의 성향/심장을 고치는 약이 있습니다. 그것을 성경은 사랑이라고도 하고 성령이라고도 합니다. 즉, 우리가 하나님의 사랑을 경험하기 시작하고, 성령이 우리 안에 들어오게 되면, 우리의 영적인 선천성 심장병은 고쳐지기 시작합니다. 하나님은 사랑이시고, 성령은 하나님과 같은 분이기 때문에, 성령은 사랑의 영입니다. 따라서, 우리의 선천성 심장병을 고치는 약은 바로, 하나님의 사랑이며, 성령[2]님입니다. 또 다른 하나는 바로, 다른 성도들의 언행을 통해서 표현된 사랑입니다. 물론 하나님의 사랑의 표현이, 사람의 사랑의 표현보다 우리에게 더 근원적인 치료를 가져다주지만, 사람에게서 받는 사랑과 격려도, 그들이 성령 받은 사람인 경우에 사랑의 마음으로 전해주는 경우에는, 우리의 심장을 강건하게 해 주는 부분적인 치료의 효과를 발휘합니다.

그래서, 예수님은 우리의 심장병을 고치는 것을 최우선으로 보시면서 이렇게 말씀하셨습니다. 하나님을 사랑하고 이웃을 사랑하라고. 이것은 하나님을 위한 것이라기보다는, 우리를 위한 것입니다. 우리가 이 땅에 살면서, 우리의 선천성 심장병 때문에 고통당하는 것을 안타까워하신 주님은, 우리가 행복하게 사는 비결이 우리의 심장을 고치는 데 있다는 것을 아시고, 그 심장병을 고치는 약을 우리에게 알려주신 것입니다. 우리의 선천성 심장병의 큰 두 가지 증상이 (1) 사랑해야 할 것을 사랑하지 못하고 사랑해선 안 될 것을 사랑하는 성향과 (2) 두려움에 휩싸이는 증상이듯이, 우리의 이러한 성향과 증상은, 우리가 그 치료약을 먹게 되고, 우리의 심장에 넣게 되면, 우리는 치유를 경험하게 되는 것입니다.

하나님을 사랑하는 것은, 영이신 그분과 기도로 대화하고, 그분이 주신 사랑의 편지(love letter)인 성경을 읽는 것입니다. 이렇게 할 때

2 성령님이 두려움에 약한 심장을 고치고 원래의 "평안"의 심장을 주시는 증거: 요한복음 20장 21-23을 보면 부활하신 예수님이 제자들에게 말씀하신다. 하나는 평안에 대해서이고, 하나는 성령에 대해서이다. 21절에, "너희가 평안하길 바란다"(현대인의 성경)라고 하셨고, 22절에는 "성령을 받아라"라고 말씀하셨다.

에, 사랑 그 자체이신 그분의 영이 나의 영과 만나며 부어지게 되는 것입니다. 나의 깨어지고 망가진 심장에 그분의 온전한 사랑의 마음이 부어지고, 그것을 많이 경험하면 할수록, 우리의 심장은 그 원형을 회복해 가게 됩니다. 그렇게 되면, 우리는 마땅히 사랑해야 할 것을 더 많이 사랑하게 되어 행복자가 되고, 마땅히 사랑하지 말아야 할 것들을 싫어하게 되어가면서 행복자가 되어가고, 두려움보다는 평안을 점점 더 많이 경험하면서 살게 되어 행복자가 되어가는 것입니다.

다른 사람에게서 사랑을 받게 되면, 그 사람의 격려의 말과 격려의 표현으로 인해서, 나의 심장이 더 훈훈해지고, 더 잘 기능을 하게 되고, 행복감을 느끼게 됩니다. 또한, 다른 사람에게 사랑의 표현을 하게 되고, 다른 사람을 격려하게 되면, 격려 받은 사람의 심장만 건강해지는 것이 아니라, 심장의 운동(exercise)을 한 나의 심장도 더 건강하게 되어가는 것입니다.

결국, 우리의 심장이 원형을 회복하면 할수록, 우리는 행복자가 되어가고, 그 원형의 회복을 주는 근원적인 약은 바로 하나님의 사랑과의 접촉이며, 그 심장을 강건케 하는 것을 도와주는 보조적인 약은 바로 다른 사람으로부터의 격려와, 내가 다른 사람을 격려하는 것입니다.

즉, 이것을 공식화 하면 다음과 같이 될 것입니다.

심장/성향의 회복
= 고통의 줄어감
= 점점 행복해짐
= 사랑해선 안 될 것을 점점 멀리하게 되는 성향이 되어감
= 사랑해야 할 것을 점점 가까이 하게 되는 성향을 띠게 됨

= 두려움과 점점 멀어지고 점점 평안을 많이 경험함

〈==〉 근원적인 약(하나님의 사랑을 경험하는 것) + 보조적인 약 (다른 사람에게서 사랑의 표현을 받고 격려를 받는 것) + 운동/체조 (다른 사람을 격려하고 사랑의 표현을 하는 것)

경녀 VS 격려[3]

'경녀'와 '격려'는 의미상, 그리고 발음상 같은 것이지만, 그 의미는 사뭇 다릅니다. 최소한 필자에게 있어서는 그렇습니다. 앞서서 프롤로그에도 언급했지만, '경녀'라는 실제의 사람은 제게 '격려'의 중요성을 알려주었습니다. '경녀'는 아주 실제적이고도 구체적인, 표현으로 나타난 격려이고, 만져지고 느껴지고 삼차원의 공간에 있는 것입니다. 하지만, '격려'는 아직 추상명사입니다. '격려'는, 그냥 개념상으로만 존재하는 것이지 실제로 격려하는 행동이나 격려하는 말이 구체적으로 한 사람에게서 다른 사람에게로 전해진 것은 아니다. 그냥 사전에 있는 추상적인 단어입니다. 하지만, 이것이 구체적으로 한 명의 낙심한 사람이나 소망을 잃어버린 사람에게 힘을 주는 말이나 행동으로 실제로 나타나게 되면, 그것은 바로 '경녀'와도 같은 것입니다. 본서의 프롤로그에 언급한, 그 꿈을 꾸기 전까지도 나는 '격려'라는 말의 뜻은 알고 있었습니다. 하지만, '경녀'라는 여자는, 청년들에게 설교시간에 실제적인 격려를 했고, 그 설교를 들은 청년들은 격려

3 '경녀' : (개념적/추상적) 격려
= 표현된 사랑: (개념적/추상적) 사랑
= 표현된 격려: 개념적 격려
= 파라클레이토스 (위로/격려하는 자/보혜사): 파라클레이시스(위로/격려)

를 받았습니다. 즉, 격려가 그저 추상적으로 사전 속에 갇혀 있을 때에는, 추상명사로서의 '격려'가 되지만, 그것이 실제로 한 공간에서, 한 사람이 격려를 받게 되면, 그것은 실제적인 격려, 즉 '경녀'가 되는 것입니다.

이것은 마치 '사랑의 표현'이 '사랑'과 다른 것에 비유할 수 있습니다. 고린도 전서 13장에 보면 사랑이 없으면, 아무것도 유익이 없다고 합니다. 사랑이 없으면, 심지어 천사들이 하는 말을 해도 소용이 없고, 산을 옮길 수 있는 능력과 믿음이 있어도 소용이 없다고 했습니다. 그리고, 청년들이 결혼식을 올리는 현장에 가보면, 가장 많이 불리는 축가 중에 이런 가사가 있습니다.

"내가 천사의 말한다 해도 나안에 사랑 없으면, 아무 소용없으리."

그런데, 이상한 일이 있습니다. 사랑이 있으면 다 될 것 같았고, 실제로 사랑이 있으면 되는데 왜 그 사랑은 그들의 결혼에서 힘을 발휘하지 못하는 것일까? 나는 이점이 궁금했습니다. 그런데, 그 이유는 간단했습니다. 표현되지 않는 사랑이기 때문이었습니다.

격려와 사랑의 관계[4]

'사랑'이라는 말은 이제 많이 퇴색되었습니다. 특히 인사말을 할 때에, '사랑합니다.'라고 하게 되면, 다소 형식적인 말로 들리게 됩니다. 또한 많은 유행가에서 '사랑'을 노래하게 되면서, '사랑'이라고 하

4 도표로 표현하면, 다음과 같다

추상적 레벨	사랑	격려
의미	좋아함, 생각함, 오래 참음 마음에 둠 기타 등등	심장이 원형을 회복하는 방향으로 가도록 함
구체적 레벨	표현된 사랑	표현된 격려 = "경녀"
표현된 단계에서의 효용	용기와 소망을 줌	용기와 소망을 줌

면 처음 떠오르는 이미저리(imagery)는 바로 남녀 간의 사랑입니다. 그렇다면, 남녀 간의 사랑을 포괄하면서도, 다양한 계층의 사람들에게도 '사랑'이라는 '개념'이 실제적으로 표현되기 위해서는 어떤 단어를 써야 하겠습니까? 그것은 바로 다름 아닌, '격려'입니다. '격려'라는 단어가 '사랑'의 원 뜻과 가장 가깝습니다. 사랑의 표현은 결국 식어진 우리의 가슴을 뛰게 하고 덥게 하는 것입니다. '격려(激勵)'는 'encouragement'입니다. 즉 용기(courage)를 주는 것입니다. 가슴에 새로운 힘을 불어 넣어주는 일입니다. '격려'는 '사랑'과 유사하지만, '사랑'의 원래의 뜻을 잃지 않고, 담아내는 현대의 동의어는 바로 '격려'입니다. 따라서, 격려라는 말은 원래의 사랑이라는 말과 거의 동의어로 보아도 될 것입니다. 물론, 이 둘이 추상적인 상태에 있을 때에는, 그 의미가 다소 거리가 있습니다. 하지만, 이것이 표현되었을 때, 즉 '사랑이 표현된 것'과 '경녀(격려가 표현된 것)'의 효용은 동일합니다. 둘 다 그 표현을 받는 사람의 마음을 뜨겁게 해주고, 의욕을 쏟게 해주고, 용기를 줍니다.

'표현된 격려'와 '표현된 사랑'이 실질적으로 동의어라는 것은 도표를 통해서도 나타납니다. 요한일서 4:18절을 보면 이 둘이 동의어임이 명확해집니다.

"온전한 사랑이 두려움을 내어 쫓나니."

온전한 사랑의 의미는 주석 책에 보면 여러 가지로 해석될 수 있습니다. 하지만, 표현되지 못한 사랑보다는 표현된 사랑이 더 온전한 사랑일 것입니다. 이것이 하는 일은, 바로 격려가 하는 일과 동일합니다. 바로 용기를 주는 일입니다. 온전한 사랑이 사람에게 두려움을 내어 쫓고 용기를 주는 일을 한다면, 바로 표현된 격려는 그 표현을 받는 사람에게서 두려움을 내어 쫓고 용기를 주는 일을 합니다. 바로 이것이 격려입니다. 즉, 추상적 개념의 단계에서는, '격려'와 '사랑'이 동의어라고 보기 힘든 면이 있지만, 실천적/효용적 측면에서, 이 둘은 동의어가 됩니다.

베드로가 말하는 실천적인 격려와 사랑[5]

'사랑'이라는 추상적인 개념과 구체적인 '사랑의 표현'이 얼마나 다릅니까? 그 차이는 '표현'이라는 글자가 더 있다는 것 이상입니다. 하늘과 땅의 차이가 있습니다. 우리가 고린도전서 13장에 있는 사랑만 보면, 사랑은 다소 추상적인 개념으로 보일 수 있습니다. 하지만, 베드로 전서 1장 17-22절을 보면 추상적인 '사랑'이 아닌, 구체적인 '사랑의 표현'에 대해서 나옵니다. 우리는 '사랑'이라고 하면, 흔히 먼저 고전13장을 먼저 떠올리기 때문에, 아직도 추상명사인 '사랑'에 머무는 성향이 있습니다. 고린도전서에 나오는 '사랑'은 다소 정적(靜的)이고 개념적입니다. 하지만, 베드로전서 1:17-22에 나오는 '사랑'은 표현된 사랑입니다. 이는 어찌 보면, 바울이라는 학자는 사랑에 대해서 다소 개념적으로 설명을 했다면, 베드로라는 열정적인 어부는 사랑의 표현적인 부분에 더 관심을 둔 것으로 보입니다.

따라서, 실천적인 측면에서 격려와 사랑이 동의어라면, 우리는 베드로 전서에서, 그 격려(=사랑)의 성경적인 측면을 잘 볼 수 있습니다. 벧전 1:17-22를 보면, 믿음, 소망, 사랑이라는 세 단어가 나옵니다. 21-22절을 보면 다음과 같이 되어 있습니다. "21-22". 여기에 보면 21절의 끝부분에 믿음, 소망이 나오고, 22절의 제일 뒷부분에 보

---

5 **벧전 1:17-22에서 가르쳐 주는 격려 (사랑의 표현)**: "21너희는 저를 죽은 자 가운데서 살리시고 영광을 주신 하나님을 그리스도로 말미암아 믿는 자니 너희 믿음과 소망이 하나님께 있게 하셨느니라/22너희가 진리를 순종함으로 너희 영혼을 깨끗하게 하여 거짓 없이 형제를 사랑하기에 이르렀으니 마음으로 피차 뜨겁게 사랑하라.

면 사랑이 나옵니다. 여기에 나오는 사랑의 표현(격려)의 의미는, 21절에 나오는, 믿음과 소망과의 관계에 비추어 보면 더 명확해집니다.

그 의미는 바로 이것입니다. 믿음과 소망이 하나님께 있는 자들은 바로 다른 사람들을 뜨겁게 사랑하게 될 수 있다는 것입니다. 21-22절을 보면 그렇습니다. 우리의 믿음과 소망이 하나님께 있게 되어야만, 우리가 진정으로 사랑을 실천할 수 있다는 것입니다. 즉, 우리가 격려다운 격려를 하려면, 우리의 믿음과 우리의 소망이 하늘나라에 있어야 한다는 것입니다.

여기서 우리가 해야 할 사랑에 대해서 더 구체적으로 밝히고 있는데, 그것은 바로 뜨거운 사랑을 하라는 것입니다. 우리가 이 인생의 나그네 길을 걸어가면서, 해야 할 일은 바로 뜨겁게 사랑하는 일이라는 말씀입니다.

격려의 의미

여기서 뜨겁다는 것은 화끈한 것을 말하는 것이 아닙니다. 남녀간의 열정적인 사랑만을 말하는 것이 뜨거운 사랑이 아닙니다. 여기서 뜨겁다는 말은, 헬라어의 엑테오스라는 말에서 나온 것입니다. 이 말의 뜻은 바로 '열심히', '부지런히', '성실히', '열렬히'라는 뜻을 가지고 있습니다. 지금까지 살면서, 가족을 열심히, 부지런히, 성실히, 그리고 열렬히 사랑하면서 사셨습니까? 지금까지 살아오면서, 주변의 사람들을 열심히, 부지런히, 성실히, 그리고 열렬히 사랑하면서 사셨습니까? 아니면, 그냥 그렇게 사랑하면서 살아오셨습니까? 또한, 우리가 격려를 제대로 하고 나면, 그 격려의 표현을 듣거나 본 사람은, 마음이 뜨거워집니다. 그리고 용기를 내게 됩니다. 그리고 열정을 가지게 됩니다. 이것이 바로 격려이고, 온전한 사랑의 효용입니다.

격려하는 삶을 살아야 하는 이유

베드로전서는 우리가 사랑을 하되 열렬히 사랑해야 하는 이유를 설명해주고 있습니다. 그것은 바로 우리의 인생이 짧기 때문입니다. 우리의 인생이 짧기 때문에 우리가 해야 할 일은 바로, 틈나는 대로, 열심히, 그리고 부지런히 우리의 형제자매를 사랑해야 한다는 것입니다. 우리가 이 땅에서 수백 년을 사는 것이 아니라 수십 년밖에 살지 못하기 때문에, 우리가 알고 지내는 사람들을 더 부지런하게 틈나는 대로 사랑하라는 말씀입니다.

많은 사람들이 임종을 맞이하면서, 죽음을 앞에 두고서 후회하는 것이 있습니다. 그것은 자신이 더 큰 성공을 하지 못해서가 아닙니다. 자기 자신이 그 동안 살면서 더 많은 돈을 벌지 못해서 후회하지도 않습니다. 많은 사람들이 죽음을 앞에 두고서 후회하는 것은 바로 이것입니다. 일만 열심히 하느라고, 자기의 배우자에게 더 많은 사랑을 하지 못한 것을 후회합니다. 돈만 열심히 버느라고 자기 자신의 자녀들에게 더 많은 관심과 사랑을 주지 못한 것을 후회합니다. 그리고 교회의 형제자매들에게 더 많이 사랑하지 못한 것을 후회합니다. 우리가 이 땅에서 수천 년을 살 것처럼 보이지만, 우리는 수백 년도 살지 못합니다. 우리는 이 땅에서 고작 수십 년밖에 살지 못합니다.

이 빠른 인생을, 이런 나그네의 삶을 살아가는 우리에게, 후회하지 않는 삶, 지혜로운 삶은 무엇입니까? 그것은 바로 뜨겁게 사랑하고 부지런히 사랑하고 열심히 사랑하는 것입니다. 추상적인 사랑을 말하는 것이 아닙니다. 그 사랑이 표현되는 것입니다. 그리고 그 사랑은 온도가 없는 사랑이 아닙니다. 뜨거운 사랑입니다. 거의 델 정도로 따듯함이 느껴지는 그런 사랑을 하라는 것입니다. 이 사랑은 게으르게 하는 사랑이 아니라는 것입니다. 부지런히 사랑의 표현을 하라는 것입니다. 이 사랑은 불성실한 사랑이 아니라는 것입니다. 성실하게 사랑하라는 것입니다. 우리의 삶이 짧은 나그네의 길이기 때문에, 우리가 죽을 때에, 우리가 하늘나라에 갈 때에 후회하지 않으려면 이러한 뜨거운 사랑, 부지런한 사랑, 성실하게 하는 사랑을 해야 한다는 것입니다. 우리가 이러한 결단을 하고 식구들을 사랑해야 합니다. 뜨겁게 사랑하고, 성실하게 사랑하고, 부지런하게 사랑하고, 진지하게 사랑하는 사람이 되는 것, 바로 이것이 짧은 나그네의 삶을 사는 우리가 해야 할 일이고, 이러한 삶을 살아야 우리가 후회가 없는 인생이 된다는 것입니다.

구체적으로 우리가 뜨겁게 사랑하는 것은 어떠한 모습입니까? 우선 교회에서의 뜨거운 사랑, 열심 있는 사랑의 모습은 어떤 것입니까? 우리가 인사를 할 때에도, 더 정감 있게 인사하는 것입니다. '잘 지내셨어요?'라고만 말하는 것이 아니라, 더 정감 있고 더 사랑이 담긴 마음으로 인사하는 것입니다. 그리고, 누군가가 아프다고 하면, 가서 같이 기도해주고 손을 잡아주고 같이 눈물을 흘려주는 것입니다. 한 자매가 입원을 했는데, 오지 않아도 된다고 합시다. 그럴 때에 우리는 어떻게 해야 하겠습니까? '마침 나도 바쁜데 잘됐다.' 이런 생각을 하겠습니까? 아니면, 병원에 찾아가서 같이 기도해주고 해야 하겠습니까? 열심이 있는 사랑은 바로 이런 적극적인 사랑인 것입니다.

가정에서도 마찬가지입니다. 사랑하는 자녀들에게 더 적극적이면서 뜨거운 사랑의 표현을 우리는 해주어야 합니다. 이것이 격려입니다. 2007년도 청년부 수련회에 가서 첫째 날에 바쁜 일이 있었습니다. 길을 부지런히 찾고 있는데, 아들한테 전화가 왔습니다.

"아빠 잘 있어요? 선물 사올꺼예요?"

라고 말을 하는데 저는 바빠서, 무성의하게 전화를 받고 끊었습니다.

그런데 이후에 귀가해서 저녁에 늦게 집에 왔는데, 아내가 하는 말이 이것입니다. 제가 빨리 전화를 끊었더니, 아들이 울먹거리면서 있었다는 것입니다. 그리고 아빠가 보고싶다고 울었다는 것입니다. 그래도 저는 그러려니 생각을 했었습니다. 그런데, 제가 설교준비를 하고 주일주보를 준비하려고 책상에 앉아 있는데, 이 아들이 하는 말이 이것입니다.

"아빠, 아빠가 보고싶어서 전화했는데, 아빠가 전화 빨리 끊으라고 해서 울었어요."

큰 눈망울을 가지고서 그런 말을 하는 아들의 모습이 그렇게 사랑스러울 수가 없었습니다. 아, 내가 바쁘더라도, '사랑해, 아들. 나도 네가 보고싶어. 아들아, 선물 사갈게. 사랑한다.' 이런 말을 왜 나는 할 수 없었던 걸까? 이런 생각을 하게 되었습니다.

많은 부모들이 열심히 일을 합니다. 그리고 자녀들에게 관심을 쏟는다고 하면서도 잘 쏟지 못할 때가 있습니다. 그러면서, 나중에 자녀들이 더 관심을 좀 가져달라고 하면, 바쁘다고 합니다. 그러면서 이렇게 말합니다.

"이게 다 너희를 위해서야."

이런 현상의 대표적인 예가 바로 미국의 이민사회입니다. 부모들이 꿈을 안고 자녀교육을 위해서 미국에 이민을 갑니다. 하지만 많은 경우 부부가 하루 종일 일을 하기 때문에 자녀를 돌볼 시간이 부족합니다. 그래서 총기난사 같은 사건이 벌어진 것입니다.

"부모님 제게 관심 좀 가져주세요."라고 말하면, 부모님은 이렇게 말합니다.

"우리가 이민 와서 이 고생하고 하루 종일 바닥 일을 하는 것은 다 너를 위해서야."

하지만, 그런 환경에서 자라면서 영어는 몇 마디 더 했는지 모르겠지만, 어떤 일을 벌입니까? 학교에서 총으로 여러 명을 쏘아 죽이게 된 것입니다. 강의실에 들어가서 교수의 얼굴에 총을 쏘고, 자기 자신을 무시한 사람들을 총으로 쏘고. 그렇게 자란 것입니다. 결국은 사랑의 결핍증에 걸린 것입니다. 부모님은 자식을 사랑해서 교육 때문에 미국에 온 것인데, 결국 그 자식은 사랑의 결핍증으로 많은 사람들을 총으로 쏘아 죽이는 일을 하게 되었습니다.

저는 이런 생각을 하게 됩니다. 그 부모님이 조금만 더 시간을 내고, 조금만 더 부지런히, 조금만 더 성실하게, 조금만 더 뜨겁게 그 자녀를 사랑했더라면, 과연 그런 일을 저질렀을 것인가? 나그네 인생길에서, 자녀가 영어 몇 마디 더 잘하게 되는 것이 그렇게 중요합니까? 그 영어실력을 짊어지고 하늘나라에 갑니까? 임종을 앞에 두고 하늘나라에 가게 될 때에, 자녀를 바라보면서 '내가 네 영어공부 못 시켜서 눈을 못 감겠어.'라고 말할 사람은 없습니다. 자녀에게 더 많이 사랑한다는 전화를 하지 못한 것과 자녀에게 사랑한다는 편지를 더 많이 쓰지 못한 것과, 그 자녀를 더 많이 안아주지 못한 것을 안타까워 할 것입니다.

격려의 대상 – 성도를 넘어서

우리가 이 땅에 살면서 뜨겁게 사랑해야 할 사람들이 또 있습니다. 그것은 바로 예수님을 모르는 사람들입니다. 이들에게 우리는 뜨거운 사랑을 가지고 가야 합니다. 우리는 예수님을 모르는 영혼을 바라볼 때에, 마음이 뜨거워서, 안타까워서 어쩔 줄 모르는 그런 심정을 가지고 있어야 합니다. 앞으로 수십 년 후에 임종을 앞에 두고 이런 사랑을 못한 것을 후회하지 않을 자신 있습니까? 주변에 알고 있는 불신자들의 영혼이 지옥에 간다는 것을 알면서도 그대로 내버려둔 것을 후회하지 않을 자신이 있습니까? 아마도 후회를 할 것입니다.

뜨거운 사랑 – 격려하는 사람이 되기 위해서 염두에 둘 것

그런데, 이런 뜨거운 사랑을 하고, 부지런히 다른 사람을 격려하려면 우리가 해야 할 일이 있습니다. 그것은 바로 우리의 믿음과 소망을 하늘나라에 두는 것입니다. 우리가 하늘나라를 바라 볼 때에 우리의 인생이 짧다는 것을 절감하게 됩니다. 우리가 멀리 내다보면, 우리의 인생이 짧아 보이는 것입니다. 제주도에 가서 착륙 직전에 집들이 그렇게 작아 보입니다. 왜입니까? 멀리서 보니까 집들이 조그맣게 보입니다. 마찬가지로, 우리가 하늘나라를 바라보면서 살면, 우리의 인생이 조그맣고, 짧고 정말 빨리 지나가는 것이라는 것이 보입니다. 아주 잘 보입니다. 하지만, 어떻습니까? 우리가 비행기에서 내려서, 그 집에 들어가면, 가까이 가면, 그 집이 크게 보입니다. 마찬가지입니다. 우리가 우리의 인생을 볼 때에, 일 년 후를 바라보고, 당장 눈에 들어오는 일들만을 생각하고 정신을 쏟고 살아간다면, 우리의 인생은 정말 크게 보입니다. 마치 우리가 천년만년을 이 땅에서 살 것처럼 여겨집니다. 하지만 그것은 착각입니다. 착시입니다. 제주도에 도깨비 도로가 있습니다. 오르막길처럼 보이는데, 실제로는 내리막길입니다.

마찬가지입니다. 우리가 가까운 곳만 바라보면서 살면, 우리의 인생이 정말 길어 보입니다. 하지만, 베드로전서는 분명히 말합니다. 우리의 인생은 나그네길이고 짧은 인생길이라는 것입니다. 우리의 인생이 짧다는 것이 언제 보입니까? 우리가 하늘나라를 바라보면 알게 됩니다. 하늘나라에서 우리가 살게 될 그 길이는 영원한 것이기

때문에, 그 영원의 관점에서 보면, 우리의 인생이라는 것은 하나의 점보다도 더 작은 것에 불과 합니다. 아주 짧은 나그네길이라는 것을 깨달아야 한다는 것입니다. 그것을 제대로 보려면 어떻게 해야 합니까? 바로 우리의 마음과 생각이 하늘나라에 가 있어야 한다는 것입니다. 베드로전서에 나오는 표현대로 한다면, 1:21에 나오는 대로, 우리의 믿음과 소망이 하나님께 있어야 한다는 것입니다. 우리의 믿음과 우리의 소망이 하늘나라에 있어야만, 우리는 깨닫게 됩니다. '아! 나의 인생이 이렇게도 짧은 것이구나.' 이러한 자각과, 이러한 깨달음이 없으면 우리는 뜨겁게 사랑할 수 없습니다. 부지런히 격려하기 힘이 듭니다.

결론적으로, 벧전 1:21-22의 말씀은 우리에게 믿음과 소망과 사랑의 관계에 대해서 가르쳐주고 있습니다. 우리의 믿음과 우리의 소망이 영원한 하늘나라에 있고, 우리의 마음과 생각이 하늘나라에 가 있어야만, 우리는 뜨거운 사랑, 열심이 있는 사랑, 부지런한 사랑, 격려를 하게 된다는 것입니다. 우리가 우리의 인생길이 정말로 짧고 순간적인 나그네의 삶이라는 것을 깨닫게 되면, 더 많이 사랑의 표현을 하고, 더 열심히 격려의 표현을 하고, 더 자주 사랑의 표현을 하게 된다는 것입니다.

격려의 교육

격려하는 부모/교육자/교사

격려하는 것은 바로 교육하는 것입니다. 그리고, 교육한다는 것은 바로 격려하는 것입니다. 이것은 우리가 교육의 목표를 정확하게 알 때에 더 확연해집니다. 필자가 교육철학과 교육신학을 강의하면서 느낀 것은, 기독교적인 관점에서 보았을 때에, 교육의 목표가 무엇인지를 확실하게 알고 있는 분이 드물다는 것입니다. 성경을 모르는 사람들이 교육의 목표를 나름대로 자신의 교육철학에 근거해서 주장하는 것은 다소 이해할 수 있습니다. 하지만, 같은 성경을 근거로 하면서도, 교육학자들이 서로 다른 교육의 목표를 주장한다는 것은 다소 모순적으로 들립니다.

학생들에게 교육철학과 교육신학을 강의하면서, 기독교적인 관점에서 보았을 때에, 교육의 목표가 무엇이라고 생각하느냐고 물었을 때에, 학생들의 대답은 천차만별이었습니다. 어떤 학생들은, 예수님을 닮는 것이라고 했고, 어떤 학생들은 예수님의 제자가 되는 것이라고 했고, 어떤 이들은 리더십이 있는 학생들을 만들어내는 것이라고 했고, 어떤 이들은 말씀을 지켜서 사는 사람을 만들어내는 것이라고 했습니다. 그런데, 재미있는 것은, 대학생들이 하는 대답과 마찬가지로, 이 분야의 학자들도 서로 다른 대답을 하고 있다는 점입니다. 다른 점이 있다면, 학자들의 주장은 성경적이고 논리적인 근거가 있다는 것뿐입니다.

성격적 관점에서 본 교육의 목표

교육의 목표가 무엇인가에 대한 대답을 여러 명의 학자들이 서로 다른 대답을 하고 있습니다. 구약성경에 근거해서, 하나님의 법도를 따르는 의로운 삶이 목표라고 주장하는 학자들이 있고[1], 어릴 때 하나님의 말씀을 가르침으로써 나중에 그 법을 떠나지 않게 하는 것이 목표라고 주장을 하는 학자들도 있습니다.[2] 또한 신약성경에 근거해서, 그리스도의 장성한 분량에 이르는 것이 교육의 목표라고 주장을 하기도 하고[3], 온전한 자가 되게 하는 것을 교육의 목표로 보기도 합니다.[4] 성경의 신구약 전반에 걸쳐서, 하나님의 영광을 추구하는 것이 사람의 삶의 목표이기 때문에, 하나님의 영광이 교육의 목표가 되어야 한다고 말하기도 합니다.[5]

---

1 창 18:19에 근거하여, Hill (1996), Morton (1975), Kaster (1962)

2 신 6:7,잠 1:7,잠 22:6에 근거하여, Crabb (1954)

3 딤후 3:17에 근거하여, Schultze (1953)

4 딤후 3:17에 근거하여, Schultze 와 다른 해석으로, Englesma (2000)

5 Van Til (1981)

그렇다면, 성경에서 말하는 교육의 목표는 무엇일까요? 필자는 이 문제를 가지고 오래 동안 고민을 하기도 했습니다. 도대체, 기독교 교육의 궁극적인 목표는 무엇이며, 무엇이어야 할까? 필자는 이에 대한 잠정적인 해답을 신약성경의 에베소서 5:18-6:4에서 찾았습니다. 원래는, 교육의 목표를 찾아내기 위해서 에베소서 6:4를 연구한 것은 아니었습니다. 에베소서 6:4에 나오는 교육이라는 개념에 대한 여러 학자들의 토론(debate)에 대해서 비평하고, 필자의 관점을 제시하는 과정을 통해서, 발견하게 된 것이 바로 교육의 목표입니다.

에베소서 6:4는 다음과 같이 번역되었습니다: "또 아비들아 너희 자녀를 노엽게 하지 말고 오직 주의 교양과 훈계로 양육하라." 여기에서 교양이라는 말이 중요합니다. 여기서의 교양은 헬라어의 파이데이아라는 단어를 번역한 것입니다. 교육학자들의 논란은, 여기서의 파이데이아가, 여러 가지의 교육활동을 포괄하는 개념으로서의 교육(education)이라고 해도 되는 것인지, 아니면 좁은 의미에서의 훈육(discipline)을 지칭하는 것인가를 가지고, 씨름하고 서로 토론을 벌였습니다. 필자의 연구에 의하면, 여기서의, 우리말로 교양이라고 번역된 파이데이아라는 단어는, 이 문맥에서 포괄적인 의미로서의 '교육'을 의미합니다.[6]

그리고, 우리말에 군사부(君師父) 일체(一體)라는 말이 있는데, 여기

---

6 필자의 박사학위논문의 page 101입니다. Whether we can interpret "*paideia*" as narrowly "discipline" or broadly as "diverse educational activities" is debated, but it seems that the latter, "education," is preferred. As to the range of meanings of "paideia" Best (1998) insightfully observes as follows:

While *paideia* is closely related to the educational process, it should not be restricted to academic learning; Greek education involved moral and philosophical training. In the Jewish world, where the word was associated with wisdom, it came to carry the educational idea of the physical discipline accompanying instruction…. Sometimes it is God and sometimes others who exercise discipline; normally the context makes it clear when the physical elements enters. The word should be given its wider educational sense in v. 4 while recognizing that instruction could involve discipline. (p.569)

서도 그러한 원리가 발견됩니다. 우리의 임금이신 하나님께서 교육의 권위를 우선적으로 부모에게 위임하셨습니다. 에베소서 6:4이, "아비들아"라고 시작하는데, 그 당시의 관용적인 표현으로는 부모를 말합니다. 즉, 부모님들에게 하나님이 맡기신 자녀들을 교육한 권한을 위임하셨다는 것입니다. 그렇다면, 학교나 교회에서 교사의 위치는 무엇입니까? 그것은 재위임(再委任)인 것입니다. 하나님이 부모에게 주신 교육의 권한을, 부모가 교사에게 다시금 위임한 것입니다. 따라서, 가정교육이든, 교회교육이든, 학교교육이든, 이 모든 교육이 기독교적인 관점에서 이뤄진다면, 그 교육의 목표는 동일한 것입니다. 성경적인 관점에서도, 군사부일체(君師父一體)가 나오는 것입니다.

기독교 교육의 목표 – 실마리 & 힌트

기독교적인 관점에서 보았을 때에, 교육의 목표는 바로, 격려를 통해서 우리가 원래 가졌던 심장의 원형을 온전히 회복하는 것입니다. 즉, 학생들로 하여금 하나님의 사랑과 격려를 경험하고, 교사의 사랑과 격려를 경험하게 함으로써, 심장의 원형의 성향을 온전히 회복하는 것입니다. 필자는 그 힌트/실마리를, 에베소서 5장 18절과 에베소서 6장 4절이 하나의 의미단위라는 것을 발견하면서 얻게 되었습니다. 그런데, 기존의 학자들은 이 점을 간과하고, 에베소서 6장 4절에 나오는 교육의 의미의 범위에 대해서만 신경을 쓴 것입니다. 하지만, 에베소서 5:18-6:4이 하나의 의미단락이라는 것을 깨닫게 되면, 교육의 목표와 방법이 보이게 되는 것입니다.

에베소서 5:18-6:4가 하나의 의미단위라는 것을 보여주기 위해서 다음의 도식이 필요합니다.

술 취하지 말라 이는 방탕한 것이니 5:18
오직 성령의 충만함을 받으라 5:18
　　서로 화답하며 5:19
　　주께 노래하며 5:19
　　찬송하며 5:19
　　감사하며 5:20
　　피차 복종하라 5:21
　　　　아내<-> 남편 5:22-5:33
　　　　자녀<-> 부모 6:1-6:4
　　　　자녀/학생->부모/교사 = 효도
　　　　부모/교사->자녀/학생 = 노엽지 않게
　　　　　　　　주님의 것으로 교육

위의 도식을 보면, 성령의 충만함을 받으라는 명령과, 여러 개의 분사로 구성이 되어 있습니다. 즉, 성령의 충만함을 받는 삶의 모습중의 하나는 바로 피차 복종하는 것입니다. 한글 성경에는, 성령의 충만함을 받는 것과, 피차 복종하는 것이 두 개의 다른 명령으로 보입니다. 하지만, 성령의 충만함을 받으라는 것은 명령이고, 피차 복종하는 것은, 성령 충만한 삶의 양태중의 하나로서, 문법상 분사입니다. 즉, '피차 복종하면서, 성령의 충만한 삶을 살아라.'라는 뜻입니다.

부모와 교사가 피차 복종하는 마음으로, 성령의 충만한 가운데에서, 자녀나 학생을 노엽게 하지 말고 주님의 것으로 교육함으로써, 일차적으로 부모에게 순종하게 하고, 궁극적으로 하나님께 순종하게 하는 것이 바로 교육의 궁극적인 목표인 것입니다.

자녀/학생의 심장이 그 건강한 원형의 성향을 회복하기 위해서 필요한 두 가지가 제시되어 있습니다. 하나는 하나님의 격려와 사랑을 받는 것입니다. 바로 성령의 충만함을 받는 것입니다. 또 다른 하나는 부모님의 사랑과 격려를 받는 것입니다. 물론, 사랑과 격려라는 구절은 에베소서 5:18-6:4에는 나오지 않습니다. 하지만, 이것을 어떻게 추론할 수 있습니까? 그것은, '노엽게 하지 말고'[7]라는 표현에서 알 수 있습니다. 자녀나 학생의 기분을 상하게 하고, 상처를 주고, 공포심을 자극함으로써 학습을 하게 하지 말면서, 주님의 것[8]을 가르쳐야 한다는 것입니다. 즉, 격려하면서, 온전한 심장의 복원과 회복을 위한 교육을 해야 한다는 것입니다.

격려의 삶의 모범- 예수님과 바나바

성경에서 격려의 모범을 가장 잘 보여준 예는 바로 예수님과 바나바입니다. 예수님의 삶은 격려 그 자체였고, 우리의 심장의 원형의 회복을 위해서 오신 참 하나님이시며, 참 사람이었습니다. 또한, 바나바는 그 이름대로 격려의 아들이었습니다. 사도바울이라는 큰 인물이, 신약성경의 절반을 쓰고, 수많은 사람들에게 영향력을 행사할 수 있도록, 격려했던 사람이었습니다.

---

7 노엽게 한다는 말은 화나게 한다는 말 이상의 뜻이 있습니다. 유명한 신학자요 설교자인 존 스토트는 자녀/학생을 노엽게 하는 예를 다음과 같이 들었습니다.

Stott (1986) writes about the examples of exasperation as follows:

What we do know is that parents can easily misuse their authority either by making irritating or unreasonable demands which make no allowances for the inexperience and immaturity of children, or by harshness and cruelty at one extreme or by favoritism and over-indulgence at the other, or by humiliating or suppressing them, or by those two indicative weapons of sarcasm and ridicule. These are some of the parental attitudes which provoke resentment and anger in children. (p.246)

8 세상의 지식과 성경의 지식이 다 주님의 것이고, 주님의 지식입니다.

격려자 – 예수님

격려가 의미 있도록 하신 분

격려자로서의 예수님에 대해서 쓰기 시작하면, 평생을 다 써도 모자랄 것입니다. 예수님은 우선 격려자 이전에, 격려의 의미가 있도록 하신 분입니다. 그분이 우리의 심장/성향이 온전하게 복원될 수 있는 길을 열어 놓지 않으셨다면, 수많은 인간의 격려도 다 헛된 것일 것입니다. 하지만, 예수님은 격려를 격려되게 하셨습니다.

인간의 심장과 성향은 아담이 죄를 범한 이후에는, 다 죄로 말미암아서, 그 원형을 잃어버리고 병들게 되었습니다. 사람의 힘과 능력만 가지고는 도저히, 그 원형을 회복할 수가 없습니다. 왜냐하면, 아담의 범죄 이후에 태어난 인간들의 속에는 선한 것이 없기 때문에, 자신의 심장을 복원할 능력이 없는 것입니다. 마땅히 사랑할 것을 사랑하지 못하고, 마땅히 사랑하지 말아야 할 것을 사랑하지 않는 그런 심장/성향과, 두려움을 모르는 심장을 가지지 못하고, 그 기능이 상실된 채로 살아가는 것입니다. 그래서, 그 삶에 고통이 많이 있습니다. 그럼에도 불구하고, 자신의 심장을 고칠 능력이 사람에게는 없는 것입니다.

많은 지혜자들이 나타나서, 인간의 고통의 문제를 해결하고 인간을 격려하려고 애썼습니다. 부처는, 우리가 욕심을 버리면 고통에서 해방된다고 했습니다. 하지만, 인간은 자신이 타고난 욕심을 버릴 수 없습니다. 사람의 힘으로 할 수 없는 것입니다. 이러한 부처의 가르침에 따라서 많은 이들이 고행을 하면서 자신의 선천성 심장병을 고치려 하지만, 더 많은 갈급함을 낳게 됩니다. 공자는 사람이 마땅히 지켜야 할 법도를 만들고, 그것을 지켜서 질서 가운데서 사람들이 살면, 그 심장병이 고쳐지고, 그 심장에 평온이 깃든다고 했습니다. 하지만, 그 법도들은 사람들을 더 힘들게 했습니다. 그리고 억압하게 되었습니다.

예수님께서 이 땅에 오시기 직전에 있었던 지도자들도, 인간의 심장/성향을 고치려고 애썼습니다. 그런데, 그 심장을 고치는 방법이 격려에 있지 않고, 책망과 공포감을 조성하는 데 있었습니다. 예를 들면, 안식일에는 인간의 심장과 전 존재가 휴식을 해야 하는데, 그것을 지키는 까다로운 규정을 만들어서 그것을 지키지 않으면, 일련의 처벌을 받도록 했습니다. 사람들의 머리와 사람들의 행동에 집중했을 때, 사람들은 행복하지 않았고, 그들의 심장은 여전히 병든 채로 있었습니다. 왜냐하면, 아담으로부터 온 그 죄의 성향을 강하게 가진, 심장을 가지고 있었기 때문에, 아무리 많은 율법을 만들어도, 그것들이 사람들의 성향과 심장을 바꿀 수 없고, 건강하게 할 수 없었습니다. 심장을 고치겠다고 나선 의사와 교사를 자처했지만, 그들의 처방은 병을 더 악화시킬 뿐이었습니다.

예수님은 다른 선생님이나 의사들과는 근본적으로 다른 접근법을 쓰셨습니다. 사람이 당하는 가장 큰 고통은 그 심장/성향에 문제가 있기 때문에, 그것이 변화를 받기 시작하지 않으면, 그 어떠한 의사와 어떠한 스승도 인간의 근본적인 병을 고치고 회복시킬 수 없음을 아셨습니다. 그래서, 예수님은 인간의 심장을 정조준하시고, 그곳에 집중하셨습니다. 예수님의 산상수순의 설교가, 사람의 심장이 변화를 받아야 함을 강조하고 계십니다. 예수님은, 그 병든 심장의 가장 깊은 곳에는, 절대자이신 하나님에 대한 불순종이라는 뿌리가 있음을 아셨고, 그것을 건드리셨습니다. 그리고, 사람들이 자신을 통해서 하나님께로 돌아오고, 그분의 법도와 통치에 무릎을 꿇고 순종하는 심장의 소유자들로 오라고 외치셨습니다. 이 메시지에 응답했던 자들은 돌아와서, 그 심장/본성의 치유가 시작되고, 그 온전한 치유는 하늘나라에 가게 될 때에, 또는 예수님이 다시 오실 때에 이뤄집니다. 우리는 팔복(八福)의 설교에 나오는 그런 성향을 가진 자들이 되어가면서, 행복을 느끼고, 행복자가 되어갑니다. 이 땅에서, 우리의 심장/성향은 100% 온전히 회복과 치유를 경험하지는 못합니다. 하지만, 점점 치유되어 가는 것입니다.

예수님의 사역들과 격려

또한 예수님이 하신 격려 속에는, 예수님의 세 가지 주요 사역이 다 녹아들어 있습니다.[9] 예수님이 하신 세 가지의 주요 사역은 바로, 가르치고, 치료하고, 전파하는 사역이었습니다. 그런데, 격려는 이 세 가지 요소를 다 포함하고 있습니다. 하나님의 말씀을 가르치고 전파하는 일이 바로, 기독교적 교육이며, 이 교육은 격려의 과정입니다. 예수님께서 말씀을 가르치시고, 말씀을 선포하신 목적, 예수님의 교육의 목적은 바로, 하나님의 말씀과 통치에 불순종하는 사람들이, 하나님께로 돌아와서 그분의 통치에 무릎을 꿇고 순종의 성향을 가진 심장을 회복함으로써, 구원을 받게 하는 데 있었습니다. 또한, 격려는 궁극적으로는 우리의 병든 심장이 온전한 심장으로 변화되도록 치유하는 과정의 일이기 때문에, 격려는 치유의 일이 되는 것입니다. 따라서, 예수님께서 하신 일은 모두 다 격려의 일이셨습니다. 나눠서 보면, 크게 세 가지의 일을 하셨지만, 묶어서 보면 격려의 일을 하신 것입니다.

9 마태복음 4:23에 보면 예수님은 크게 세 가지의 사역을 하셨다. 가르치시고, 치료하시고, 전파하셨다. "예수께서 온 갈릴리에 두루 다니사 저희 회당에서 가르치시며 천국 복음을 전파하시며 백성 중에 모든 병과 약한 것을 고치시니."

예수님께서 만병의 의사가 되신다고 해서 필자는 그것을 곰곰이 묵상해 보았습니다. 예수님은 모든 병을 다 고치시는데, 오늘날의 전문의로 말한다면 어떤 병을 고치시는 것일까? 하는 생각을 하면서 깊은 생각을 했습니다. 2007년도의 봄에, 서울의 한 대학병원의 정형외과에 입원을 했을 때에는, 이런 생각을 했습니다.

"아!! 예수님은 정형외과 의사에 가까우시다. 왜냐하면, 예수님은 깨어진 것을 잘 회복시키시니까. 우리의 안에 있는 하나님의 형상이 아담으로 인해서 깨어졌는데, 예수님은 그 깨어진 하나님의 이미지(image of God)를 회복시키시는 분이구나. 마치 우리의 팔이 깨지고 부러졌을 때, 정형외과 의사가 그것을 치유하듯이, 회복의 은혜를 주시는 분이시니까. 정형외과 의사. 이것이 예수님을 비유적으로 가장 잘 설명하는 것이 아닐까?"

그 뒤로 저는 기도를 하다가 이런 생각을 했습니다.

"아!! 내가 인생을 제대로 보지 못하고, 나의 삶을 제대로 바라보지 못하고 있는데, 그리고 사물을 본다고 하면서 제대로 보지 못하는 소경과 같을 때가 너무나도 많이 있는 제대로 보지 못하는 나를 보게 하는, 안과 의사와도 같은 분이구나."

우리 몸의 모든 부분이 다 중요합니다. 하지만, 한쪽 발에 금이 가도 우리는 살고, 한 쪽 눈이 잘 안보여도 불편하지만 살 수 있습니다. 하지만, 우리의 심장이 깨지거나, 우리의 심장이 더 이상 뛰지 않으면, 우리는 바로 죽습니다. 우리 몸의 모든 부위가 다 중요하지만, 우리의 심장에 구멍이 생기거나, 우리의 심장이 병들면, 우리는 시한부인생 선고를 받게 됩니다. 그리고, 심장병으로 인해서 선고를 받은 사람들은 그들의 심장을 이식 받으려는 노력을 기울이기까지 합니다.

또는, 심장에 있는 큰 혈관에 콜레스테롤이 막혀서 죽는 것을 막으려고, 음식을 조절하든지, 간단한 수술(bypass surgery)을 받기도 합니다.

따라서, 예수님은 모든 병을 다 다루시고 고치시지만, 우리의 심장병을(선천성과 후천성을 모두 포함해서) 다루시는 의사이며 교육자(선생님)이며 설교자였습니다. 우리의 심장이 그 원형을 회복하도록 하시는 격려자의 삶을 사신 분입니다.

우리에게 어떠한 삶을 살 것인가를 보여주신 주님 앞에서 우리도 이러한 삶을 살아야 하는 것입니다. 우선은 가르치는 격려자, 치료하는 격려자, 그리고 전파하는 격려자가 되어야 합니다. 그런데, 이것은 우리의 마음에 있는 사랑의 메시지와 하나님이 주신 사랑의 메시지를 상대방에게 줄 때에 가능해지게 됩니다. 우리가 격려 받고, 격려할 때에 가능한 것입니다.

격려자 – 바나바

바나바는 이름부터 '격려의 아들'[10]이라는 뜻입니다. 그를 잘 관찰 해보면, 격려하는 사람의 본보기를 배우게 됩니다. 그는 우선 자신이 격려 받고, 건강한 심장을 가진 사람이었습니다. 그의 심장은 두려움이 아닌 담대함이 있었습니다. 그런 담대함이 없다면, 사도바울을 받아들이기를 꺼려하는 예루살렘교회의 막강한 지도자들의 반

10 격려의 아들이라고 할 때에 사도행전 4:36절에 보면 *파라클레이시스*라는 여성 추상 명사가 써져 있다. 이와 유사한 단어로는, *파라클레이토스*라는 단어가 요한복음 14:26절에 쓰여 있는데, 이것은 바로 성령(거룩한 영)이라고 예수님이 말씀하셨다. *파라클레이시스*는 권위라는 말로, *파라클레이토스*는 보혜사라는 말로 우리말 성경에는 번역되어 있으나, 둘 다 원 뜻은 격려와 격려자의 의미에 가깝다. 즉, 예수님이 보내주시기로 약속하신 성령의 원 이름은 바로 격려자이다. 이 두 단어는 모두 파라칼레오(격려하다; 옆에서 부르다/말하다)라는 동사에서 파생된 것이다.

대 앞에서 무릎을 꿇었을 것입니다. 하지만, 그는 담대함을 잃지 않고, 사도바울을 받아들여서, 그들의 공동체의 일원이 되게 하는 일을 감당했습니다.

사실 남을 격려한다는 것은 우리 자신이 격려자로서, 먼저 건강한 심장을 가지고 있을 때에 더 잘하게 됩니다. 다른 사람을 위해서 전화를 하고, 편지를 쓰고, 심방을 하고, 관심을 표현하는 것은, 시간과 돈만 있다고 할 수 있는 것이 아닙니다. 그것은 담대함을 필요로 합니다. 우리 안에, 두려움이 없어야 합니다. 우리는 큰 골리앗 같은 존재만 두려워하는 것이 아닙니다. 우리는 우리의 격려가 받아들여지지 않을지도 모른다는, 조그맣게 보이지만 실제로는 큰, 두려움을 가지고 있을 수 있습니다.

그래서, 한 유명한 크리스찬 임상 심리학자는 격려의 가장 큰 장애물을 두려움이라고 했습니다.[11] 기독교 공동체에서 사람들이 서로를 격려해야 하는 것을 잘 알면서도, 그 안에서 생명력 있는 격려가 일어나기 보다는, 매우 피상적인 대화만 오가는 이유의 근원도 바로 두려움이라고 말하고 있습니다.

교회의 소그룹에서 서로를 격려하는 일이 없이, 피상적인 대화만 나누다가 입으로 돌아가는 것을 필자는 자주 보았습니다. 그런데, 이것은 그들이 나누는 대화가, 가면과 여러 가지의 층들로 둘러싸였기 때문이라는 것입니다. 이러한, 장애물을 깨버려야지만, 교회의 소그룹에 진정한 생명력과 변화가 올 수 있는 것입니다.

로렌스 크랩은 그의 저서인 격려를 통한 상담이라는 책에서, 매우 놀라운 통찰력으로 격려를 설명하고 있습니다. 그에 의하면, 격려라는 것은 A라는 사람이 B라는 사람을 격려하고자 할 때에, A라는 사

11 Lawrence Crabb & Dan Allender (1986).

람의 격려가, B라는 사람에게 진정한 격려가 되려면, 몇 가지 조건이 있다고 합니다. 그것은 첫째로, A라는 사람의 격려의 동기가, 두려움에 의한 것이거나 가식에 의한 것이 아닌, 가식 없는 사랑의 마음이어야 한다는 것입니다. 둘째로, 진정한 격려가 일어나기 위해서는, A라는 사람의 격려는 B라는 사람이 가지고 있는 두려움을 타깃으로 해야 한다는 것입니다. 즉, B라는 사람의 다른 감정이 아닌, 바로 두려워하는 것에 대해서 격려를 해 주어야 한다는 것입니다.[12]

이러한 조건을 갖추지 못한 격려는, 마치 활을 떠난 화살이 그 타깃을 맞추지 못하는 것과 같은 것으로 여겨집니다. 내 마음에 두려움이 주된 동기가 되어서, 상대방을 격려하면, 그것은 파워가 없습니다. 하지만, 내 마음에 상대방을 위한 사랑의 마음이 동기가 되어 하게 되는 격려는, 그 사람을 격려하여 살리는 파워를 발휘하게 되는 것입니다.

격려하는 사람의 파워와 강인함은 어디에서 오는가? 이 질문에 대한 답을 로렌스 크랩은 다음과 같이 말합니다.

> "격려하는 사람의 성품은 강해야 한다. 그의 성품은 하나님 외에 아무도 없는 불갇은 외로움 속에서 주조되고 연단되어야 한다. 그리고, 하나님을 알게 되는 놀라운 기회인 외로움은 우리가 우리 자신을 남에게 봉사하는 일에 전적으로 헌신하여 우리를 채워 줄 분으로서는 오직 하나님만 의존할 때에 찾아온다. 그분의 도우심은 우리로 하여금 바로 그분의 임재를 깨닫게 하므로, 우리는 거룩한 토대로부터 다른 사람에게 이야기할 수 있다. 그 때 우리의 말은 선한 능력을 가지는 것이다."[13]

---

12 Ibid. chapter 8에 그림으로 잘 나와 있음.

13 Ibid. p.74.

격려의 교육을 통해 회복되는 8가지 성향과 8가지 복[1]

우리가 격려를 통해서 회복해야 할 심장의 원형. 그것은 예수님의 심장입니다. 그것을 여러 각도에서 보여주는 성경 본문이 있으니 바로 팔복에 대한 예수님의 설교를 담은 마태복음의 산상수훈입니다.

우리가 용기와 힘을 얻게 하는 여러 종류의 격려가 있겠지만 그 중의 하나가 바로, 우리가 받을 복이나 상을 바라보는 것입니다.

1 마태복음 5장 3절에서 12절까지에 나오는 여덟 가지의 복

1 복(福)	심령이 가난한 자는 복이 있나니 천국이 저희 것임이요
2 복(福)	애통하는 자는 복이 있나니 저희가 위로를 받을 것임이요
3 복(福)	온유한 자는 복이 있나니 저희가 땅을 기업으로 받을 것임이요
4 복(福)	의에 주리고 목마른 자는 복이 있나니 저희가 배부를 것임이요
5 복(福)	긍휼히 여기는 자는 복이 있나니 저희가 긍휼히 여김을 받을 것임이요
6 복(福)	마음이 청결한 자는 복이 있나니 저희가 하나님을 볼 것임이요
7 복(福)	화평케 하는 자는 복이 있나니 저희가 하나님의 아들이라 일컬음을 받음
8 복(福)	의를 위하여 핍박을 받는 자는 복이 있나니 천국이 저희 것임이라

흔히 한국의 기독교를 비판할 때에, 많은 사람들이 '기복신앙'이라는 단어를 사용합니다. 하지만, 복을 구하고 바라보는 것은 성경적입니다. 왜냐하면, 예수님이 하신 산상수훈 (마태복음 5장)이 바로 복에 관한 것이기 때문입니다. 여기에 그 유명한 8복이 나옵니다. 우리가 신앙생활을 하다가, 여러 가지로 낙심이 될 때마다, 하나님이 주시기로 약속한 복과 상을 바라보면, 우리의 심장은 다시금 뜨거워지고, 삶의 용기와 의욕을 회복하게 될 것입니다.

신기한 것은 바로 8복의 모든 조건이 우리의 심장(마음/태도)과 연관되어 있습니다. 심령이 가난한 자, 마음으로 애통하는 자, 마음이 온유한 자, 마음에 의를 향한 목마름이 있는 자, 마음에 남을 긍휼히 여기는 자, 마음이 깨끗한 자, 마음에 화평을 좇는 자, 마음에 핍박을 두려워하지 않는 자. 이러한, 마음이 바로 예수님의 마음입니다. 이러한 성향을 가진 사람이, 바로 온전한 심장/성향을 가진 사람입니다.

주님은 우리가 이러한 심장을 가지고 행복한 삶을 살기를 원하는 것입니다. 우리의 심장이 마땅히 추구해야 할 바를 추구하게 되는 그 날이 가까워질수록, 우리는 행복자가 되는 것입니다. 우리는 그 행복을, 죽어서 천국에 가기 전에도, 이 땅에서 맛볼 수 있고 누릴 수 있는 것입니다. 행복은 having이 아니라 being에 있다는 말을 하는데, 여기서의 being은 존재/상태를 말하고, 그 존재는 철학적 자아가 아니라 바로 우리의 사람됨, 우리의 심장의 성향이 말해주는 것입니다. 우리의 심장이 가져야 할 성향, 예수님의 온전한 심장을 닮아가야 합니다.

격려의 교육을 통해 회복되는 성향 1: 심령의 가난함 (마 5:3)

마태복음 5장 3절을 보니까 '심령이 가난한 자는 복이 있나니'라고 되어 있습니다. 그런데, 누가복음 6장 20절에 보면 심령이 가난한 자가 아닌, 그냥 '가난한 자는 복이 있나니'라고 되어 있습니다. 그럼 둘 중에 어느 것이 맞는 것입니까? '심령이 가난한 자'와 '가난한 자' 중에 누가 복이 있습니까? 저는 마태복음 5장에 나오는 대로, 심령이 가난한 자는 복이 있다는 것만 알았지, 그냥 가난한 자는 복이 있다는 구절은 알지 못했기 때문에, 저의 한 친구가 한 질문에 어리둥절했던 기억이 있습니다.

대학시절에, 하루는 학교 매점에서 친구들과 같이 간식과 밥을 먹고 있는데, 한 불신자 친구가 하는 말이 성경의 원문을 보면, 심령이 가난한 자는 복이 있다고 되어 있지 않고, 그냥 가난한 자는 복이 있다고 되어 있다는 것입니다. 그러면서 그 친구가 하는 말이, 기독교가 가난한 사람들을 돌아보는 일을 많이 해야 하며, 자신은 기독교인이 아니라는 것이었습니다. 그 이후로 저는, 성경을 실제로 들춰보지도 않았고, 실제로 성경의 원어를 알지 못했기 때문에, 그 친구의 말이 옳을 수도 있겠거니 하고 생각하면서, 어떤 게 정답인지를 알아보지 않은 채 세월이 흘렀습니다. 그런데, 이젠 성경의 원어를 배우고, 성경을 다시금 들여다보니 어떤 것이 정답인지를 알았습니다.

가난한 자가 복이 있습니까 아니면 심령이 가난한 자가 복이 있습니까? 마태복음 5장에 나오는 대로 심령이 가난한 자가 복이 있습니까? 아니면, 누가복음 6장에 나오는 대로 가난한 자가 복이 있습니까? 정답은 둘 다 복이 있다는 것입니다. 누가복음 6장 20절에 보면, '가난한 자는 복이 있나니'라고 되어 있는데, 그것은 실제로 물질적인 가난을 말하기도 하지만, 심리적인 부분이 상당히 강조된 것입니다. 그것은 무엇을 보면 알 수 있느냐면, 6장 24절을 보면 알 수 있습니다. 6장 24절을 보면 '그러나 화 있을진저 너희 부요한 자여 너희는 너희의 위로를 받았도다.'라고 되어 있습니다. 무슨 말입니까? 부요한 자들은 대체적으로, 자신의 삶의 위로와 의지를 물질에 두기 때문에, 가난한 사람들에 비해서 대체적으로 주님을 의지하는 부분이 약하다는 것입니다.

어쨌거나, 마태복음 5장 3절을 보면, 심령이 가난한 사람은 복이 있다고 말씀합니다. 그렇다면, 심령이 가난한 것은 어떤 것을 말합니까? 빚에 시달리는 마음입니까? 아니면 흔히 말하는 대로, 마음을 비우고 사는 그런 득도의 경지에 오른 것을 말하는 것입니까? 심령이 가난하다는 것은 무엇을 말합니까? 그것은 바로, '자신의 물질보다는 주님을 더 의지하는 마음의 상태입니다.' 우리가 우리의 물질보다는 주님을 더 의지할 때에, 우리는 심령이 가난한 자가 되고, 복 있는 자가 되는 것입니다.

우리는 흔히 가지고 있는 물질보다는 주님을 더 의지합니까? 우리가 흔히 생각하기를, 돈이 적게 있는 사람은, 하나님을 더 많이 의지하고, 돈이 많은 사람은 아마도 하나님을 덜 의지할 것이라고 생각하기 쉽지만 과연 그렇습니까? 아닙니다. 돈이 없어서 고생하는 사람들 중에도 두 가지의 반응이 있습니다. 돈이 없으니까 이런 말들을 할 수 있습니다. '그래 나는 나중에 돈을 진짜 많이 벌어서, 떵떵거리면서 살거야. 두고 봐.' 이런 태도는 무엇입니까? 자신의 빈곤 가운데에서 주님을 더 의지하기 보다는, 현재에 부족한 돈을 훗날에 더 많이 의지하기를 바라는 것입니다.

돈 없이 쪼들리는 사람의 또 다른 반응은 이런 것입니다. "나는 지금 가난하지만, 이런 가운데 주님을 더 많이 의지하게 하시니 감사합니다. 주님 제가 가난으로 인하여 주님을 떠나지 않게 하시고, 주님을 더 의지하게 하소서." 어떻습니까? 돈이 없는 두 사람의 반응은, 돈을 더 의지하는 자와 하나님을 더 의지하는 방향으로 나뉘게 됩니다. 돈이 많은 사람의 반응도 두 가지입니다. '나는 돈이 많으니까 부러울 것이 없고, 돈으로 다 되지 뭐.'라고 생각하는 사람이 있습니다. 반면에, 셀 수 없이 큰 돈이 은행 통장에 들어 있는데도, 늘 낮은 자의 마음으로, 물질보다는 하나님을 더 의지하고 경외하면서 사는 사람이 있는 것입니다.

주님은 우리가 가난한 자의 마음을 가지고서 늘 주님을 의지하면서 살기를 원하십니다. 우리가 가난한 자의 심령을 가지고 산다는 것은, 물질적인 여유에도 불구하고 궁상맞게 살아야 한다는 뜻은 아닙니다. 가난한 자의 심령을 가지고 산다는 것은, 재물이 없어도 물질에 휘둘리기 보다는 믿음으로 살고, 재물이 있을 때에도 주님을 더 많이 의지하고 사는 것을 말합니다. 돈에 더 많이 집착하는 모습을 버리고 주님을 더 많이 의지할 때에, 주님이 더 많은 물질을 부어 주십니다. 우리가 부자가 되었을 때에도, 우리의 물질보다, 주님을 더 의지하길 주님은 바라고 있습니다. 우리가 어떠한 물질의 형편에 처해 있든지, 주님을 더 많이 의지하고, 그분에게서 위로와 힘을 얻기를 바라는 것이 바로 우리 주님의 뜻입니다. 주님이 우리를 다루시는 것을 보면 참 사랑의 손길이라고 느껴집니다. 그분은 우리를 너무나도 사랑하셔서, 우리가 물질에 집착하고 물질사랑하기를 그분을 사랑함 보다 더 앞설 때에, 그것을 가져가십니다. 왜냐하면, 그분은 질투하시는 하나님이시고, 우리의 사랑을 원하시기 때문입니다.

결국 심령이 가난한 자는, 현재의 자신의 물질적인 형편에 관계없이 주님을 물질보다 더 사랑하는 것을 의미합니다. 현재 가난 중에 있어도 주님을 물질보다 더 의지하고, 현재 물질의 풍요함 속에 있어도 물질로 인해서 얻는 위로와 든든함보다는 주님을 더 의지하기를 주님은 원하고 계십니다. 심령이 가난한 자가 된다는 것은, 현재의 경제적인 형편에 관계없이 주님을 물질보다 더 의지하는 것을 말합니다.

우리의 예수님을 한번 생각해 봅시다. 그분은 정말로 부유한 자였습니다. 그분의 통장에는 100억원 이상의 돈이 있는 분이었습니다. 이 세상의 금과 은이 모두 다 그분의 것이었습니다. 하지만, 그분은 어떠한 삶을 우리에게 보여주셨습니까? 그분은 그 돈과 부요함을 마구 쓰지 않으셨습니다. 그리고, 우리의 영적인 부요를 위해서 삶을 드렸습니다. 물질을 의지함보다는, 아버지 뜻을 이루는 것에 마음이 가 있었습니다.

심령이 가난한 자는, 물질적인 형편이 어떠하든지, 하나님을 물질보다 더 의지하고, 하나님에게서 위로와 힘을 얻는 자입니다. 그런데, 심령이 가난한 자는 복이 있다고 합니다. 심령이 가난한 자는 복이 있다는 것이 무슨 뜻입니까? 복, 여기에서 복이라고 하는 것은, 행복한 상태, 마음속 깊은 곳에서 솟아오르는 기쁨이 넘치는 상태를 말합니다. 우리가, 심령이 가난한 자가 될 때에, 우리의 마음속은 행복이 가득하고, 우리의 마음속에서 성령이 주시는 기쁨이 충만하게 되는 것입니다. 그것이 바로 복입니다. 우리가 물질보다 하나님을 의지하고, 기대고, 바라볼 때에, 행복이 우리에게 있는 것입니다.

이러한 삶을 사는 사람들은 하늘나라를 소유하게 된다고, 성경은 우리에게 말씀하고 계십니다. 우리가 물질보다 하나님을 더 의지할 때, 우리는 하늘나라를 소유하게 된다고 말씀하십니다. '심령이 가난한 자는 복이 있나니 천국이 저희 것임이요.'라고 합니다.

천국이 무엇입니까? 천국이 무슨 물건입니까? 우리가 천국을 소유도 하고, 양도도 하고, 넘겨주기도 하고 하는 것입니까? 천국이 우리의 것이 된다는 것은 무슨 의미입니까? 천국은 하나님이 다스리는 곳입니다. 불완전한 왕이 다스리는 곳에는, 아무리 뛰어난 왕이 다스린다고 해도, 그곳에 부조리와 불공평이 있습니다. 미국같이 잘사는 나라의 대통령도 태풍과 911사태를 막지 못해서 국가적인 위기를 겪었습니다. 하지만, 천국은 어떻습니까? 만왕의 왕 만유의 주께서 다스리는 곳이 바로 천국입니다. 그곳에는 전쟁과 기근이 없고, 눈물이나 한숨이 없습니다. 하나님이 다스리시는 그곳에 우리 모두는 가게 됩니다. 하지만, 우리가 이 땅에 살면서도 천국을 맛보면서 살 수 있습니다. 하나님이 다스림을 경험할 수 있습니다.

언제 하나님이 우리를 다스려 주시고, 천국을 맛보는 경험을 하게 됩니까? 우리가 그분의 다스려주심을 구할 때입니다. 우리가, 겸손히 무릎 꿇고 기도할 때에, 주님이 우리를 다스려 주십니다. 우리가 말씀 앞에 겸손히 무릎을 꿇고 순종하며 나아갈 때에, 그분이 말씀으로 우리를 다스려 주십니다. 우리가 그분을 의지할 때에, 우리의 의지할 바가 되어 주십니다. 우리가 그분을 왕으로 모실 때 우리의 왕이 되어 주십니다. 그분의 다스려주심이 바로 천국입니다. 이러한 복이 언제 임합니까? 우리가 가난한 심령이 될 때에 이뤄지게 됩니다. 우리가 물질보다 주님을 더 많이 의지하고 나아갈 때에, 주님께서 우리를 다스려 주시는 역사가 있게 되는 것입니다. 그분이 우리의 삶을 다스려 주실 때에, 우리의 삶은 행복감과 큰 기쁨으로 충만하게 되는 것입니다.

가난한 심령을 가지고 천국을 경험하면서 살았던 사도바울을 생각해봅니다. 그는, 빌립보서 4장 11절에 이렇게 고백하고 있습니다. '내가 궁핍함으로 말하는 것이 아니라 어떠한 형편에 처하든지 내가 자족하기를 배웠느니 내가 비천에 처할 줄도 알고 풍부에 처할 줄도 알아 모든 일에 배부르며 배고픔과 풍부와 궁핍에도 일체의 비결을 배웠노라. 내게 능력 주시는 자 안에서 내가 모든 것을 할 수 있느니라.'

사도바울은 우리가 잘 알듯이, 좋은 가문에서 유여하게 자라난 청년이었습니다. 하지만, 그가 예수님을 제대로 만난 이후에는 예수님을 위해서 살게 되었고, 그는 어떠한 다른 것보다 주님만을 의지하게 되었습니다. 물질보다도 하나님을 의지하게 되었습니다. 즉, 심령이 가난한 자가 되었습니다. 그가 심령이 가난한 자가 되니까 이러한 고백을 하게 됩니다 '내게 능력 주시는 자 안에서 내가 모든 것을 할 수 있느니라.' 그가 물질을 의지했을 때에는, 이런 고백을 했을 것입니다. '내 통장에 있는 돈의 액수만큼만 내가 일을 할 수 있노라.' 그가 빌딩이 있었고 예수님을 아직 만나지 못한 상태에 있었다면 이렇게 고백했을 수도 있습니다. '빌딩에서 나오는 월세만큼의 일을 내가 할 수 있노라.' 하지만, 그는 물질보다는 하나님을 더 의지했습니다. 그의 선교사역을 후원하는 후원금의 액수에 연연하지 않았습니다. 그의 사역을 위한 헌금에 크게 연연해하지 않았습니다. 그는 고백합니다. '내게 능력 주시는 자 안에서 내가 모든 것을 할 수 있다.' 라고. 얼마나 위대한 고백이며, 또한 얼마나 현명한 고백입니까? 자신의 통장에 들어 있는 만큼만 일을 할 수 있다고 고백했으면, 그의 사역의 폭은 그 돈의 액수만큼 제한되는 것입니다. 그가 자신이 가진 돈만큼만 일을 할 수 있다고 했다면, 그는 기독교사에 그렇게 크게 쓰임 받는 사람이 될 수 없었을 것입니다. 하지만, 그는 자신의 선교 후원금 통장에 들어 있는 돈의 액수보다는, 무한한 자원의 공급자 되시며 만유의 주되신 하나님을 바라보고 의지하는 영적인 현명함을 보였습니다. 자신의 사역의 한계점을 돈의 액수에 두지 않고, 무한하신 하나님에게 두었던 것입니다. 이러한 사도바울의 고백이 우리의 고백이 되어야 합니다. 심령이 가난한 자의 고백인 것입니다. 돈보다는 하나님을 그 무엇보다도 더 의지하는 자의 고백인 것입니다.

이러한 사도바울에게, 하나님은 천국을 경험하게 했습니다. 말씀 그대로, '심령이 가난한 자는 복이 있나니 천국이 저희 것임이요.'가 그에게 문자적으로 이뤄졌습니다. 고린도후서 12장에 보면 그가 하늘나라에 갔다 온 이야기가 있습니다. 말이 좀 어렵지만, 현대인의 성경으로 12장 12절에는 이렇게 되어 있습니다.

> "자랑해서 이로울 것은 없으나 주님께서 보여주신 환상과 계시에 대해서는 내가 자랑하지 않을 수 없습니다. 나는 14년 전에 셋째 하늘에 이끌려 갔습니다. 그때 실제로 내 몸이 올라간 것인지 아니면 내 영이 몸을 떠나 올라간 것인지 나는 모르지만 하나님은 아십니다. 나는 낙원으로 이끌려 가서 도저히 표현할 수도 없고 또 누구에게 알려서도 안 되는 말을 들었습니다."

사도바울은 가난한 심령으로 살았는데, 천국을 이 땅에서만 경험한 것이 아니라 실제로 천국에 다녀오게 되었습니다. 마태복음 5장 3절이 이 한 사람의 삶에 문자적으로 이루어진 것입니다.

이 말씀을 우리의 가정에 적용해 봅시다. 우리가 생활을 하다 보면, 돈 문제로 부부가 싸울 때가 있습니다. 한번도 돈 문제로 부부가 싸워본 적이 없다면, 저는 그분들을 성자라고 부르고 싶습니다. 또는, 그 가정을 이끄는 부부가 가난한 심령을 가지고 살고, 물질보다는 하나님을 더 의지하면서 사는 가정일 것입니다. 우리의 가정에 돈 문제로 싸우지 않으려면, 하나님이 다스려주시는 가정, 천국과 같은 가정이 되어야 하는데, 그러려면, 부부 모두에게 가난한 심령이 필요합니다. 물질보다는 하나님을 더 큰 위로와 의지와 힘으로 삼는 훈련이 필요한 것입니다. 카드를 쓰는 문제로, 가계부를 쓰는 문제로, 자녀 교육비 지출에 대한 이견으로, 등등. 그래서 어떤 가정은 아내가 카드를 통제하고, 어떤 가정은 남편이 카드를 통제하곤 합니다. 전쟁입니다. 이렇게 돈 문제로 다투고, 천국과는 거리가 먼 가정이 어떻게 하면, 천국과 같은 가정, 행복한 가정이 되겠습니까? 그것은, 여러 가지가 있겠지만, 그 중에서 가장 중요한 한 가지는 바로, 부부 모두가 가난한 심령을 소유하는 것입니다. 물질보다는 하나님을 더 의지하는 신앙을 가지는 것입니다. 그렇게 될 때에, 그곳에 심령에 복이 임하고, 하나님의 다스려주심이 그 가정에 임하고, 돈으로 인해서 다투는 일들이 줄어들게 되는 것입니다.

미국에서 월세 아파트에 살 때의 일입니다. 아랫집에 사는 부부 집사님이 계셨는데, 날마다 전쟁터입니다. 돈 문제로 날마다 싸웁니다. 물론 그 사연이야 딱한 가운데 있었습니다. 한때에는, 그 남편이 크게 돈을 벌어서 수십 억대의 재산가가 되었습니다. 그런데, 동업하는 친구에게 속아서 그 많은 돈을 다 사기를 당해서, 대궐 같은 집에서 살다가 거지가 되어서, 저희가 사는 월세아파트로 들어오게 되었습니다. 남편은 패배감과 상실감에 허덕였고, 부인은 충격과 스트레스 속에 살다가 암에 걸렸습니다. 그리고 애들은, 공부를 안 하고 마약을 하는 것입니다. 때로는, 2층에 사는 우리 집으로 마약을 피우는 냄새가 넘어와서, 우리 식구들이 한동안 고생을 하기도 했습니다. 이제 돈도 없고 특별한 기술도 없으니 부부가 힘겹게 막노동을 합니다. 남편은 밤에 나가서 새벽에 들어오고, 아내는 식당 주방에서 설거지를 합니다. 애들은 종일 돌아다닙니다. 저녁에 크게 싸우는 소리가 우리 집까지 들리는데, 먹고 살기가 너무나 힘드니까 너무도 격하게 싸웁니다. 물질적으로 큰 고통을 당하는 곳에 안정되고 천국과 같은 가정이 임하기 힘이 듭니다. 하지만, 이 부부가 안 싸우는 날이 있는데, 구역예배를 드리는 날입니다. 찬양과 흥겨운 소리가 납니다. 금요일 저녁은 그 집에 작은 천국이 임합니다.

저는 이런 생각을 했습니다. 저들이 경제적으로 힘들지만, 서로 손을 잡고서 서로를 위해서 기도하면, 하나님이 가난한 심령을 허락하실 텐데. 물질보다 하나님을 더 의지하는 마음이 저 가정에 임해야 할 텐데. 물론 쉽지 않습니다. 물질적으로 어려운 가운데, 주님을 더 바라고 의지하는 것이 쉽지 않습니다. 그러나, 주님은 우리가 그 어려운 일을 하기를 원하십니다. 믿음을 가지고, 서로를 위해서 긍휼의 마음을 가지고 손잡고 기도할 때에, 부부 모두에게 가난한 심령을 허락하십니다. 가난한 심령을 가지고 살 때에 주님은 서로를 긍휼히 여기는 심령도 허락해 주십니다.

우리가 각자 자신을 돌이켜 볼 때에, 물질보다 주님을 더 사랑하는가를 자문해봐야 합니다. 자신이 물질적으로 궁핍한 가운데 있다고 해서 주님을 자동적으로 더 많이 의지하고 있다고 착각해서는 안 됩니다. 물질적으로 현재 궁핍한 가운데 있더라도 마음을 더 강팍하게 해서, '내가 왜 이 모양 이 꼴로 사나?'라는 마음을 가지고 살면, 그 형편이 나아질 수 없습니다. 물질적으로 고통을 당할 때에도, 주님을 의지하는 마음을 가질 때에, 때가 차매 주님의 부어주시는 역사가 있는 것입니다. 우리가 돈이 많을 때에도, 가난한 자의 심령으로 살아가야 하는 것입니다. 궁상맞게 살라는 것이 아니라, 물질보다 하나님을 더 의지하고 살아가야 합니다. 그럴 때에, 우리의 물질은 우상이 되지 않고, 하나님만이 왕이 되셔서 우리의 삶을 다스려 주십니다.

직장생활을 할 때의 일입니다. 과장이 한 분 계셨는데 하루는 회식을 하고서는 혀가 반쯤 꼬부라져서 이런 말을 하십니다. '최주임. 마태복음에 보면 8복이 나오는데, 그게 모든 진리를 담고 있어. 예수님 말씀이 구구절절이 다 맞는다고.' 그래서 저는 상당히 의외였습니다. '한번도 교인이라는 티를 내시지 않던 분이었는데 팔복의 말씀을 하시다니!' 이 말을 마치고, 자신이 과장이니까 직원들 밥값을 내겠다고 하면서 지갑을 여는데, 만 원짜리 하나와 더불어서, 카드가 하나도 없었습니다. 왜 카드가 하나도 없느냐고 했더니, 아내한테 다 빼앗겼다는 것입니다. 지금 생각해보면 이런 마음이 듭니다. 그 과장님은 팔복에 대한 가르침은 들었지만, 팔복이 그 가정에 이뤄지지는 않았구나 하는 생각입니다. 심령이 가난한 자의 복이 그 가정에 임했다면, 어떻게 카드를 부인이 몰수하는 일이 생길까 하는 마음이 듭니다. 심령이 가난한 자는, 물질보다 주님을 더 의지하는 삶이고, 그런 가정에 작은 천국이 이뤄진다면, 이 과장님의 가정에는 이러한 실천이 없는 것이었습니다.

격려의 교육을 통해서 복원되어야 하는 첫번째 심장/성향은 바로 '가난한 심령'입니다. 물질보다는 주님을 더 의지하고 사랑하고 높이는 삶을 살게 됩니다. 격려를 통해서 우리가 가르치는 학생이나 자녀들이, 물질보다는 주님을 더 의지하고 신뢰하는 삶을 살아가게 된다면, 그들은 너무나도 행복한 인생을 살게 될 것이고, 이 땅에서 천국을 경험하고 소유하는 자들이 될 것입니다.[2]

---

2 우리의 심장이 버려야 할 첫 번째 성향은 돈(물질과 재산)을 하나님보다 더 사랑하는 성향을 버리고, 하나님을 더 의지하고 사랑하는 것이다. 물질중심적인 삶에서 하나님 중심적인 성향으로 우리의 심장이 바뀌는 것이 가장 절실히 요청되는 첫 번째 성향이다.

격려의 교육을 통해서 회복되는 성향 2: 슬픔을 슬픔으로 느끼게 됨(마 5:4)

예전에 한 미용실에 간 적이 있습니다. 이 미용실에 처음 갔는데 이 아주머니가 말을 걸어와서 여러 가지 이야기를 하다가 교회 이야기가 나왔습니다. 자신은 교회에 다니지 않는다고 하면서도, 교회에 다니면 좋은 점이 하나 있다는 말을 친구한테 들었다는 것입니다. 그래서 제가 물었습니다. 친구분이 교회에 가니까 무엇이 좋다고 합니까? 물었더니, 교회에 가서 막 부르짖고 기도를 하니까 감정의 순화가 오더라는 것입니다. 그러면서 그 미용사 아주머니가 하시는 말씀이 이겁니다. '카…카타르시스라고도 하죠.' 그러니까, 그 예수를 믿지 않는 미용사 아주머니도, 교회를 다니면 기도를 통해서 정서순화도 되고 답답한 마음도 많이 없어진다고 여기셨던 것 같습니다. 교회에 가서 애통하는 마음을 쏟아놓으면 위로가 되는 것도 사실입니다. 하지만, 이런 감정적인 면 이외에도, 깊은 영적인 유익과 진리가 이 짧은 구절에 들어 있습니다.

애통하는 자들은 복이 있다고 말씀하시는데, 도대체 애통하다는 것은 우선 무슨 뜻입니까? 가슴속 깊이 슬퍼하면서 눈물을 흘리면서 운다는 뜻입니다. 우리는 보통 어떤 경우에 이렇게 울게 됩니까? 사랑하는 사람이 우리가 기대한 것에서 너무 멀어지게 될 때 이런 애통의 눈물을 흘립니다. 사랑하는 자녀가 커서 훌륭한 사람이 되리라는 기대를 했는데, 살인자가 됐을 경우에 그 부모는 애통합니다.

사랑하는 아내가 남편만을 알고 살리라고 생각했는데, 어느 날 우연히 보니까 다른 남자가 있다는 것을 알게 될 때에 그 남편은 애통하게 됩니다. 사랑하는 친구가 열심히 10년간을 공부해서 그 꿈을 거의 이루게 되었는데, 그 꿈을 이루기 직전에 불의의 병으로 인해서 그 결실을 보지 못하고 좌절하게 될 때에 슬픔의 눈물을 흘립니다. 자신이 사랑했던 사람이 불의의 사고로 쓰러지게 될 때에 슬퍼하며 눈물을 흘리게 됩니다. 또한 그 사랑하는 대상이 한 국가일 경우에, 그 국가가 번성하지 못하고 자꾸만 곤두박질 칠 경우에 그 나라를 사랑하는 마음에서 눈물을 흘리게 됩니다. 그리고, 우리가 교회를 너무나 사랑하는데, 교회가 교회다운 영광을 잊어버리게 될 경우에 우리는 애통하게 됩니다. 그러니까, 우리에게 사랑하는 대상이 있고, 그 사랑의 대상이 우리의 기대를 많이 저버릴 때에, 우리는 보통 슬퍼하면서 눈물을 흘리게 됩니다. 애통합니다.

우리가 여러 가지 상황 가운데에서 슬퍼하며 눈물을 흘릴 수 있지만, 그 중에서도 특별히 우리가 슬퍼하면서 애통해야 할 상황이 있습니다. 우리는 우리가 사랑하는 사람이 신앙생활을 제대로 하지 못하고 있을 때에, 애통의 눈물을 흘려야 합니다. 사랑하는 사람이, 아내나 남편이나 자녀가 주일성수를 잘 하지 못하거나, 주일날 교회를 다닌다 할지라도, 세속적인 삶을 추구하면서 살아가는 모습을 보면서, 슬픔의 눈물을 흘릴 줄 알아야 합니다. 사도바울에게는 이러한 눈물이 있었습니다. 빌립보서 3장 18절에 보면, 하늘나라에 소망을 두지 않고 이 땅과 자신의 쾌락과 자신의 영광만을 위해서 사는 사람들을 보면서 사도바울은 눈물을 흘리고 있습니다. 믿는다고 하는 사람들이, 세속적인 쾌락과 자신의 영광에만 탐닉하면서 살아가는 모습을 보면서, 사도바울은 이런 고백을 합니다. '내가 여러 번 너희에게 말하였거니와 이제도 눈물을 흘리면서 말하노니 여러 사람들이 그리스도 십자가의 원수로 행하느니라.' 많은 사람들이 예수님을 믿는다고 하면서도 십자가의 원수로서의 삶을 살아가고 있는 것을 보면서 슬퍼하고 눈물을 흘린 것입니다.

우리에게 이러한 눈물과 이러한 슬픔이 있습니까? 주변에 예수님을 믿는다고 하면서도 쾌락주의와 자신의 영광만을 탐닉하는 일에 빠져버린 사람들을 바라보면서 흘리는 눈물과 슬픈 마음이 있습니까? 십자가의, 원수로 살아가는 자들을 바라볼 때에 어떤 마음이 듭니까? 고린도 교회에는 예수님의 십자가의 대속의 죽음을 욕되게 하는 그리스도인들이 여럿 살고 있었습니다. 그 중에는 당을 지어 다투는 사람도 있었고, 음행이 드러난 성도들도 있었고, 교회를 세상법정에 고소하는 사람들도 있었습니다. 또한 쾌락지상주의로 살아가는 자들이 있었습니다. 이러한 자들을 바라보면서 사도바울은 십자가의 원수라고 불렀으며, 안타까워하면서 슬픔의 눈물을 흘렸습니다. 애통하는 마음을 가졌던 것입니다. 오늘날에도 우리의 자녀나 친구 중에 교회에 출석을 하면서도 이렇게 살아가는 자들이 적지 않게 있습니다. 교회에 다니는 일부 젊은이들 중에는 인터넷음란물에 취해서 사는 자들이 있고, 자신의 출세를 위해서는 주일성수도 헌신짝처럼 버리는 자들도 있습니다. 우리는 이들을 바라보면서 사랑의 마음을 가지고 슬퍼하고 눈물을 흘리는 자가 되어야 합니다.

예수님을 믿는 청년들 중에서 학교나 직장에서 섹스와 술의 문제로 고민하는 경우를 종종 봅니다. 이들을 고민하게 하는 것은 학교나 직장의 불신자들이 아닙니다. 불신자들이야 으레 술과 섹스에 찌들어 있다고 해도, 예수님을 믿는 청년들을 넘어뜨리지 않습니다. 하지만, 교회를 다닌다고 하는 학교나 직장의 선후배가, 음란한 곳을 드나들고, 술에 찌들어 사는 모습을 보면서, 이들을 괴롭히고, 신앙의 갈등을 가져오곤 합니다. 이런 상황에 있는 청년들이 세속에 휩쓸

리지 않도록 해달라고 기도부탁을 하곤 합니다. 그런 기도부탁이 중요합니다. 하지만, 자신을 세속에 물들지 않게 해달라는 기도부탁에 못지않게 중요한 것은, 그러한 세속에 동화된 크리스천들을 바라보면서 긍휼의 마음과 애통하는 마음을 가지는 것도 중요한 것입니다. 우리가, 예수님을 믿되 쾌락의 노예로 사는 동료 크리스천을 바라보면서 느껴야 할 감정은, 혐오의 감정보다는 긍휼과 애통의 마음인 것입니다. 십자가의 원수로 살아가는 일부 기독교인들을 바라보면서 애통해야 합니다. 그들을 혐오할 때에는 우리에게 복이 임하지 않지만, 그러한 이름뿐인 크리스천 형제자매를 긍휼히 여기면서 슬퍼하며 눈물 흘릴 때, 애통하는 심령을 가질 때 우리에게 복이 임하는 것입니다. 애통하는 자는 복이 있나니 말씀하셨기 때문입니다.

우리민족을 위해서도 애통의 눈물을 흘려야 합니다. 민족을 위해서 슬퍼하며 눈물을 흘려야 합니다. 사도바울은 자신이 어떠한 대가를 치르더라도 자신의 동족인 이스라엘 사람들이 모두 예수님을 믿으면 좋겠다는 고백을 로마서 9장에 하고 있습니다. 자신은 애통하는 심령을 가지고 민족의 구원을 바란다고 말하고 있습니다. 로마서 9장 1-3절은 이렇게 되어 있습니다. '내가 그리스도 안에서 참말을 하고 거짓말을 하지 아니하노라 내게 큰 근심이 있는 것과 마음에 그치지 않는 고통이 있는 것을 내 양심이 성령 안에서 나로 더불어 증거 하노니 나의 형제 곧 골육의 친척을 위하여 내 자신이 저주를 받아 그리스도에게서 끊어질지라도 원하는 바로라.' 자신이 구원을 못 받아도 좋으니, 자신의 민족이 구원을 받기를 바란다는 말입니다. 이러한 소원이 있기에, 그는 마음에 그치지 않는 고통이 있다고 했습니다. 마음에 민족에 대한 사랑으로 인해서 그치지 않는 고통. 이것이 바로 애통하는 마음입니다. 사도바울은, 민족을 위해서 애통하는 마음을 가졌던 것입니다.

우리에게 이러한 수준의 애통하는 마음이 있어야 합니다. 우리 민족의 4분의 3은 아직도 예수님을 믿지 않고 있습니다. 이러한 우리 민족을 바라보면서 애통하는 마음을 가지고 기도해야 합니다. 당장 나 하나 먹고 살기도 힘들고 가정을 꾸리기도 힘이 들지만, 그래도 민족을 위해서 애통하는 마음을 가지고 기도해야 합니다. 가정만을 위해 애통하는 자에게는 가정의 그릇을 허락하시고, 민족을 위해 애통하면서 기도하는 자에게 국가적인 그릇을 허락하십니다. 우리나라의 술 문화의 청산과, 청년 실업문제와, 경제의 활성화를 위해서도 애통하는 마음을 가지고 기도해야 합니다. 무능한 지도자 때문에 이렇게 되었다고 말하는 사람에게는 하나님이 함께하지 않습니다. '주님 기도하지 않은 나의 탓입니다.'라고 하면서, 현재의 한국의 상황을 바라보면서 애통하는 눈물을 흘릴 때에, 주님께서 우리 개개인과 이 나라를 세워주시고 넘치는 복을 다시금 허락해 주십니다. 사도바울이 그랬듯이, 그리고 위대한 신앙의 선진들이 그랬듯이, 이 나라와 민족을 바라보면서 애통하며 기도해야 합니다. 이 민족을 바라보면 애통하며 간구하는 영혼에게 주님은 이 민족의 지도자로 세워 주실 것입니다. 그리고, 약속하신 대로 넘치는 복을 주십니다. 애통하는 자에게 복이 있다고 한 약속의 말씀이 삶 속에서 이뤄지는 것입니다.

우리는 우리의 가족과 친구만을 위해서 애통하는 것이 아니라 형제자매의 신앙생활과 민족의 상황을 놓고서도 애통할 줄 알아야 합니다. 우리가 애통하는 상황이 있다면, 애통하는 자가 복을 받는 이유도 있습니다. 애통하는 자는 복이 있다고 했는데, 애통하는 자가 복을 받는 이유는 무엇입니까? 왜 애통하는 자에게 복이 있을까요? 그것은 바로, 애통이라는 것은 사랑을 전제로 하기 때문입니다. 자신이 사랑하지 않은 자를 위해서 슬퍼하며 울 수 없기 때문입니다. 따라서 애통의 눈물은 사랑의 눈물인 것입니다. 애통하는 자가 복이 있는 이유는, 애통하는 자는 사랑의 마음을 품고 있기 때문입니다. 애통하는 것이 사랑을 전제로 한다는 것은 요한복음 11장에 잘 나옵니다. 예수님은 나사로의 죽음을 보시고 우셨습니다. 그때에, 사람들이 말하기를 '예수님께서 나사로를 많이 사랑했나 보다.'라고 말합니다. 나사로를 사랑하셨기에 그의 죽음을 보면서, 예수님은 '심령에 통분히 여기셨다.'고 되어 있습니다. 예수님은 심령에 애통하신 것입니다. 이것만 보아도, 우리는 알 수 있습니다. 누군가를 위해 애통한다는 것은 그 사람을 사랑하지 않고는 불가능하다는 것을. 어떤 사람을 사랑해야지만, 그 사람이 불행한 일을 만나거나 큰 잘못을 저질렀을 때에, 그 영혼을 위해서 슬퍼하고 울게 되는 것입니다. 애통하는 자가 복이 있는 이유는 그 가슴에 영혼을 사랑하는 마음이 있기 때문입니다.

그런데 세대가 악해지면서 이런 애통하는 심령의 수가 적어지고 있습니다. 성경의 예언이 맞고 있는 것입니다. 왜냐하면, 말세가 되면 사람들의 사랑이 식어지기 때문에, 다른 사람을 위해서 애통하는 정도도 줄어들 수밖에 없는 것입니다. 디모데후서 3장 1절에 보면 말세에 사람들이 고통하는 때에 이르는데, 사람들은 자기를 사랑하며 돈을 사랑한다고 되어 있습니다. 다른 사람에 대한 사랑이 식어지고, 따라서 애통하는 자들이 줄어들게 됩니다. 왜냐하면, 애통하는 것은 사랑을 전제로 하기 때문 입니다. 그러기에, 애통하는 자에게는 복이 있는 것입니다. 자기만을 사랑하는 것이 고통이며, 다른 사람을 사랑하며 그 영혼을 위해 눈물을 흘리는 것은 복인 것입니다. 왜냐하면, 자기애(自己愛)에서 많이 벗어날수록 우리 삶의 고통은 줄어들기 때문입니다.

애통하는 자에게 복이 있고 행복이 있습니다. 그렇다면, 애통하는 자는 위로를 받을 것이라고 했는데, 어떻게 위로를 받습니까? 애통하는 자에게 임하는 위로는 어떤 종류의 위로입니까? 우리가 애통할 때에 임하는 위로의 특징이 몇 가지 있습니다.

애통하는 자들은 위로를 받을 것이라고 했는데, 우선은 성령님을 통해서 위로하십니다. 성령님께서는 우리의 옆에서 격려하시고 등을 두들겨 주시고 말씀을 생각나게 하셔서 위로하십니다. 요한복음 14장 26절에 보면 이렇게 되어 있습니다.

> "보혜사 곧 아버지께서 내 이름으로 보내실 성령 그가 너희에게 모든 것을 생각나게 하시고 내가 너희에게 말한 모든 것을 생각나게 하시리라."

성령님께서는 슬퍼하는 자들을 위로하시되 하나님의 말씀을 보내셔서 위로하시고 격려하십니다. 물론 우리가 사람을 통해서도 위로를 받을 수 있습니다. 그러나 우리가 애통하는 문제가 다른 사람에게 말하지 못할 성질의 것도 있습니다. 그럴 때에, 주님께서 말씀을 생각나게 하십니다. 아니 말씀이 생각나지 않을 때에는, 말씀을 읽으면 됩니다. 말씀을 통한 성령의 역사로, 애통하는 자를 위로하십니다.

애통과 위로의 관계를 보면 한 가지 재미있는 사실을 발견하게 됩니다. 애통은 현재이고 위로를 받는 것은 미래로 되어 있습니다. 물론, 순차적으로 애통을 해야 위로를 받는다는 것은 너무나도 당연한 것입니다. 하지만, '애통 후의 위로'라는, 순차적이고도 평면적인 공식 이외에도, 중요한 사실은 이것입니다: 우리가 이 땅에서 애통하지만, 먼 훗날 천국에서 위로를 받는다는 뜻도 있는 것입니다. 현재 이 땅에 살면서 애통하지만, 이 땅에서 모든 애통함과 슬픔을 다 위로 받으면서 사는 것은 아닙니다. 다시 말하면, 애통하는 자들이 받을 위로는 이 땅에서 뿐만 아니라 천국에서도 있습니다. 우리가 남모르게 슬퍼하면서 흘리는 눈물들을 위해서 하나님께서 위로연을 준비하고 계십니다.

요한계시록에 보면, 천국에 가면 주님께서 우리 눈의 눈물을 닦아 주시겠다고 약속하고 계십니다. 요한계시록 7장 17절입니다.

'이는 보좌 가운데 계신 어린양이 저희의 목자가 되사 생명수 샘으로 인도하시고 하나님께서 저희 눈에서 눈물을 씻어 주실 것임 이러라.'

요한계시록 21장 4절입니다.

'모든 눈물을 그 눈에서 씻기시매 다시 사망이 없고 애통하는 것이나 곡하는 것이나 아픈 것이 다시 있지 아니하리니.'

이 땅에서 우리가 살면서 남모르게 흘리는 눈물이 얼마나 많이 있습니까? 어떤 슬픔의 눈물들에 대해서는 우리가 위로를 받지만, 그 위로가 모자란다고 여길 때가 있습니다. 우리가 슬퍼하면서 울 때, 배우자나 친구가 우리에게 손수건이나 휴지를 줄 수 있습니다. 하지만, 그 손수건이나 휴지가 우리의 슬픈 마음까지도 모두 빨아들일 수는 없습니다. 하지만, 하나님이 우리 눈의 눈물을 닦아 주실 때에는 그분의 전능의 손이 우리의 눈가에 닿을 때, 우리의 슬픔의 근원도 모두 다 마르게 될 것입니다. 그래서, 눈물방울만 닦이는 게 아니라 눈물의 샘도 마르고 눈물의 원인도 없게 될 것입니다. 사람이 눈물을 닦아줄 때에도 많은 사랑과 위로를 느끼는데, 우리의 모든 심령상태와 우리의 슬픔의 깊이와 사연을 모두 아시는 주님께서 우리 눈의 눈물을 닦아 주실 때에는, 아마도 우리는 더 많은 감격과 감사의 눈물을 흘리게 될지도 모릅니다. 아마도 이러면서 닦아주실 것 같습니다.

"사랑한다. 내 아들아. 네 눈물을 내가 다 안다. 이리와라. 사랑한다. 내 딸아. 네 눈물을 내가 다 안다. 이리와라."

우리가 이 세상에서 위로 받지 못하는 위로와
우리가 이 땅에서 이해 받지 못하는 모든 슬픔이
그날 다 씻길 것입니다.
우리가 이 땅에서 인정받지 못한 슬픔이 그날 다 위로 받을 것입니다.
우리가 이 땅에서 너무 깊이 슬퍼한 나머지, 그 치유가 모자란 부분들이 그날에 다 씻길 것입니다.
우리가 식구들 몰래 흘렸던 눈물들이 그날 다 닦여질 것입니다. 우리가 부모님 모르게 훔쳤던 눈물이 그날 다 마를 것입니다. 아내들이 남편 모르게 애통했던 그 가슴을 주님이 위로해 주실 것입니다.
그 날에.
우리가 목사님에게도 말하지 못했던 애통하는 내용들이 목자장 되신 주님의 손에 다 녹을 것입니다.
그 날에.
우리가 아내들 몰래 차 속에서, 그리고 회사 화장실에서 흘렸던 눈물들도 모두 다 닦아주실 것입니다.

애통과 위로의 관계를 보면 또 한 가지 흥미로운 사실을 발견하는데, 그것은 '애통하는 일이 있으면, 우리가 위로 받는다.'가 아니고, '애통하는 자가 되면 우리가 위로 받는다.'는 것입니다. 차이점이 있습니다. 우리가 사랑하는 사람을 위해서 우는 그 여러 가지의 사건이 중요한 것이 아니라, 우리가 애통하는 자, 즉 애통하는 사람이 되어야 한다는 것입니다. 바꿔 말하면, 애통하는 사건보다도 우리의 애통하는 심령이 중요하고, 많이 애통하는 것보다도, 애통하는 심장의 소유자가 되어야 한다는 것입니다. 우리의 눈물보다도 우리의 가슴이 애통할 줄 아는 따듯한 심령인가 하는 것입니다. 우리가 그러한 심령의 소유자, 그러한 심장의 소유자가 되어야 합니다. 하나님은, 우리의 애통할 줄 아는 따듯한 심령 위에 복을 주시고, 위로를 주시는 것입니다.

또 한 가지 중요한 것은, 애통하는 자가 위로를 받을 수도 있고 안

받을 수도 있는 것이 아니라, 반드시 위로를 받는다고 되어 있습니다. '아마도 위로를 받을 것이다.'가 아니고, '반드시 위로를 받을 것'이라고 말씀하십니다. 반드시. 반드시 내가 너를 위로하리라고 말씀하시는 것입니다. 이것이 주님의 약속입니다. 주님의 위로는 있기도 하고 없기도 하는 것이 아닙니다. 물론 이 땅 위에 살면서 주님의 위로가 부족해 보일 때가 있습니다.

> "주님 제게 위로가 부족합니다. 더 많은 위로를 주세요. 주님 제 남편이 주는 위로가 부족합니다. 주님 제 아내가 주는 위로가 부족합니다. 주님 목사님이 심방 왔다 가셨는데도 위로가 부족합니다."

그런데, 우리가 이것을 알아야 합니다. 이 땅에서의 위로는 항상 부족합니다. 왜냐하면, 그 위로가 부족해야 애통하는 심령이 유지되기 때문이고, 그래야 우리가 복을 받기 때문입니다. 그 2% 부족한 위로로 인해서 낙담하지 말아야 합니다. 오히려 그 2% 부족한 위로를 감사해야 합니다. 그리고 주님이 예비하신 큰 손수건과, 그날에 하늘에 가서 주님이 주실 위로의 말을 상상해봅시다. 주님이 따스한 손으로 감싸주시며 포근하게 안아주시고, 우리 눈의 모든 눈물을 닦아주시고, 우리의 모든 애통했던 마음을 풀어주시고, 그 2% 부족했던 위로를 200% 넘치게 주실 것입니다.

애통하는 자가 되어야 합니다. 우리의 심장이 울 때 울 줄 아는 심장이 되어야 하고, 우리가 그런 성향을 가진 자가 되어야 합니다. 더 많은 사람을 사랑하고 더 많이 애통하고, 그래서 이 땅에서 주님이 주시는 복을 누리고, 위로 받고, 나중에 저 하늘나라 가서, 주님께 우리의 퉁퉁 불었던 눈을 내밀고, 그분의 만져주심을 바래야 합니다.

학부모와 교사가 격려의 교육을 강조하게 되면, 그들의 자녀와 학생들이 애통하는 심장/성향을 회복하게 됩니다. 애통하는 심장/성향을 가진 자는 주님의 마음과 하늘나라를 경험하게 됩니다.

격려의 교육을 통해서 회복되는 성향 3: 온유한 마음(마5:5)

땅을 차지한다?

초등학교 시절에, 사촌 형이 예배를 마치고 나서 교회 옥상으로 필자를 데리고 가더니 이렇게 물어보는 것이었습니다.

"이 볼펜이 더 비쌀 것 같니? 아니면 땅 요만큼이 더 비쌀 것 같니?"

그래서 저는, 볼펜이 더 비싸다고 대답했습니다. 그러자, 그 형이 하는 말이 땅덩어리 요만큼이 더 비싸다는 것이었습니다. 초등학교 3학년에 불과했던 저는, 도저히 그 말을 믿을 수가 없었습니다. 왜냐하면, 땅은 여기저기에 널려 있지만, 볼펜은 돈을 주고 사야 한다고 생각했기 때문입니다. 물론, 지금 누군가가 볼펜 가질래? 아니면 서울시내에 있는 땅 100평 가질래? 하고 물어보면 땅을 달라고 할 것 같습니다. 그것은, 땅 한 평이 볼펜 한 자루보다 더 값지다는 것을 이제는 알기 때문입니다.

그런데 마태복음 5:5에 보니까, '온유한 자는 복이 있나니 저희가 땅 을 기업으로 받을 것임이요'라고 되어 있습니다. 땅을 받는다는 것은 예로부터 부자가 된다는 것을, 그리고 안정된 삶의 기반을 가지게 되는 것을 의미합니다. 순서적으로는 온유한 자가 무엇인가를 먼저 알아야 하겠지만, 우선 땅을 받는다는 것이 의미하는 바를 먼저 살펴보아야 합니다. 도대체, 땅을 기업으로 받는다는 것은 무엇을 의미할까요?

땅을 기업으로 받는다고 했는데, 더 정확하게 말하자면 그냥 '땅을 기업으로 받는다'가 아니고 '그 땅'을 기업으로 받는다고 원어성경에 나옵니다. 온유한 자는 복이 있나니 그 땅을 기업으로 받을 것이요.'라는 말입니다.

그 땅은 크게 두 가지로 해석이 될 수 있는데, 첫 번째 의미는 약속의 땅 가나안을 의미합니다. 이스라엘 백성들에게 있어서 그 땅이라고 하면 보통 약속의 땅 가나안을 의미했습니다. 약속의 땅 가나안에는 풍요롭고 풍성한 삶이 있었습니다. 현대를 살아가는 우리에게 있어서는, 그 땅이라는 것은 약속이 성취된 풍요로운 삶을 말합니다. 그러니까, 우리가 온유한 자가 되면, 우리의 삶에 하나님의 약속의 말씀들이 성취되며, 또한 풍요로운 삶을 살게 되는 것입니다. 다시 말하면, 우리가 온유한 자가 되면, 우리가 약속의 땅 가나안에 들어가게 된다는 것입니다. 그곳은 풍요로움이 있고 풍성함이 있습니다. 약속의 성취가 있는 것입니다.

'그 땅'의 두 번째 의미는, 하나님이 다스려주시는 땅을 말합니다. 그러니까, 주님이 돌보시고 다스리는 상태에 들어간다는 뜻입니다. 우리가, 이 땅에 살면서 주님의 다스려주심과 주님의 돌보심 밖에서 살 수도 있고, 그분의 다스리심과 통치권 안에서 살 수도 있습니다. 주님께서 돌보시고 다스리는 곳에, 잘되는 역사와 형통하는 역사와 기쁨과 즐거움이 가득합니다. 반면에, 주님이 다스리시는 땅을 떠나서 살면, 우리는 곤고와 어두움에서 헤매게 되는 것입니다. 그러니까, 땅을 기업으로 받는다는 것의 두 번째 의미는, 하나님의 돌보심과 통치를 받게 된다는 뜻입니다. 우리는 이러한, 하나님의 다스려주심을 이 땅에서는 부분적으로 경험하게 되고, 천국에 가면 온전하게 경험하게 됩니다.

다시 정리하면, 온유한 자는 땅을 차지하게 된다고 말씀했는데, 땅을 차지한다는 것은, 우리에게 신도시 일대의 땅을 사도록 도와주시겠다는 말씀이 아닙니다. '그 땅'을 기업으로 받는다는 말씀은, 우리가 성경에 약속된 언약들이 우리의 삶에서 이뤄지고, 우리가 풍성한 삶을 누리게 되며, 하나님이 다스려 주시고 돌보아 주신다는 뜻입니다. 우리의 삶에서 약속의 땅 가나안을 정복하는 역사와 하나님이 돌보아 주시는 역사가 있을 것이라는 말씀입니다. 이 축복의 말씀은, 우리에게 수만 평의 땅문서를 가지게 되는 것보다 더 값진 것입니다. 왜냐하면, 우리의 삶에 하나님이 약속하신 언약의 말씀들이 모두 성취되고 하나님이 돌보시고 다스려 주시는 역사가 일어나면, 우리는 돈으로 환산할 수 없는 값지고도 풍성한 삶을 누릴 수 있기 때문입니다.

온유?

온유한 자에게 주어지는 복이 이렇게도 크다면, 우리는 온유한 자가 되도록 힘써야 하겠습니다. 그런데, 온유한 자가 된다는 것은 무엇입니까? 온유한 자는 우유부단한 자가 되는 것을 의미하지 않습니다. 온유한자는 남들에게 이리저리로 끌려 다니는 유약한 자를 말하지도 않습니다. 온유한 자는 미적지근한 성격을 가진 것을 의미하지도 않습니다.

마태복음 5장 5절에 나오는 온유한 자라는 말의 원어에 보면 크게 두 가지의 뜻이 있습니다. 하나는 겸손한 자라는 뜻이고, 또 하나는 순종하는 자라는 뜻입니다. 그러니까 온유하다는 것은 겸손한 자라는 뜻과 순종이라는 뜻을 다 가지고 있습니다. 온유한 사람은 겸손한 사람이고 순종하는 사람입니다. 겸손한 사람이 땅을 차지하고 순종하는 사람이 땅을 차지하는 것입니다.

겸손한 자가 땅을 차지함

그럼 우선, 겸손한 사람이 땅을 차지한 경우를 먼저 살펴보겠습니다. 겸손한 사람이 경험하게 되는 주님의 돌보심과 풍요로운 삶은 어떤 것이 있습니까? 여러 가지가 있겠지만, 그 중의 하나는 바로 쉼을 얻는다는 것입니다. 겸손이라는 온유의 모습이 우리에게 있을 때 우리가 차지하게 되는 약속의 땅은 바로, 쉼터입니다. 마태복음 11장 28절과 29절에 예수님께서 이렇게 말씀하십니다.

"수고하고 무거운 짐 진 자들아 다 내게로 오라. 내가 너희를 쉬게 하리라. 나는 마음이 온유하고 겸손하니 나의 멍에를 메고 내게 배우라. 그러면 너희 마음이 쉼을 얻으리니."

무슨 말씀입니까? 온유한 자가 되면, 그리고 겸손한 자가 되면 우리가 무거운 짐을 내려놓고 쉬게 된다는 약속의 말씀이 우리에게 성취되는 것입니다. 우리가 온유한 자가 되면, 쉼이라는 땅을 차지한다는 말씀입니다. 우리가 겸손한 자가 되면, 도달하게 되는 약속의 가나안 땅은 바로 참된 안식과 쉼입니다. 우리가 온유하고 겸손한 자가 될 때에 주님께서는 우리를 다스려주시되, 참된 안식을 주시는 것입니다. 이것이 바로, 온유한 자가 차지하게 되는 땅의 한 모습입니다.

우리의 삶이 왜 고되고 어깨는 무겁습니까? 우리가 도저히 들 수 없는 짐을 지고 가려고 하기 때문입니다. 5킬로짜리는 들고 갈 수 있습니다. 10킬로짜리도 웬만하면 들고 갈 수 있습니다. 하지만 10톤쯤 되는 것은 우리가 들고 갈 수 없습니다. 이 때 우리는 어떻게 해야 됩니까? 주님께 대신 들어달라고 해야 합니다. 이것이 겸손의 모습입니다. 그리고, 주변의 사람들에게 도와 달라고 해야 합니다. 인생의 짐을 나 혼자 다 지고 가겠다고 하는 것이 바로 겸손하지 못한 태도인 것입니다.

순종하는 자가 땅을 차지함

온유가 하나의 동전이라면, 온유의 한 면은 겸손이고, 또 다른 한 면은 바로 순종입니다. 그러니까, 순종하는 자는 복이 있고, 순종하는 자들이 약속의 땅을 정복하게 되고, 순종하는 자들이 풍요로운 삶과 하나님이 다스려주시는 삶을 살게 되는 것입니다. 순종이라는 모습의 온유는 우리에게 이러한 복들을 주는 것입니다.

순종이 무엇입니까? 자신의 생각과 하나님의 말씀이 부딪힐 때 자신의 생각을 죽이고, 하나님의 말씀을 따르는 것입니다. 구약성경에[3], 나아만이라는 장군이 나옵니다. 그는 문둥병이 걸려서 엘리사라는 선지자를 찾아갔는데, 엘리사가 내려주는 처방이 자신의 생각과 맞지 않자 처음에는 순종하지 않습니다. 엘리사가 심부름꾼을 보내서 요단강에 몸을 일곱 번 씻으라고 하니까 이렇게 말합니다.

"내 생각에는 저가 내게로 나와서 서서 그 하나님 여호와의 이름을 부르고 당처 위에 손을 흔들어 문둥병을 고칠까 하였도다."

나아만 장군은, 엘리사 선지자가 자신이 생각하던 방식대로 병을 고쳐주지 않는다고 하여 화를 내고는, 요단강에 가서 몸을 씻는 일을 하지 않으려고 합니다. 자신의 생각과 엘리사의 처방이 맞지 않자 순종하지 않습니다. 자신의 생각을 따릅니다. 온유하고 순종하는

3 열왕기하5장

자가 되지 못하고, 자기의 멋대로 행동하고 판단합니다. 나아만은 단지 한 선지자의 말을 불순종한 것이 아니라 '하나님의 사람의 말씀'을 분순종한 것이라고[4] 말씀하고 있습니다. 그래서 문둥병자였던, 나아만 장군은 온유하지 못해서 땅을 차지하지 못할 뻔 했습니다. 순종이라는 온유를 배우지 못해서 나아만은 풍요로운 삶과 하나님이 직접 만져주시는 경험을 하지 못할 뻔 했습니다.

그런데, 나아만은 운이 좋은 사람이었습니다. 나아만 장군의 종들이 나아만의 생각을 바꾸어 놓습니다. 엘리사의 말에 순종할 것을 설득하자, 나아만은 요단강에 가서 자신의 몸을 일곱 번 씻고 나자, 자신이 가지고 있었던 문둥병이 사라지게 되었습니다. 온유하고 순종하는 자가 되니까, 치료라는 땅을 차지하게 됩니다. 나아만이, 불순종할 때에는 하나님의 만져주심을 경험하지 못할 뻔 했는데, 온유하고 순종하는 심령으로 하나님의 사람의 말씀을 받으니까, 치료의 땅으로 인도되며, 하나님이 직접 만져주시는 경험을 하게 된 것입니다. 나아만은 불순종으로 인해서 치료의 땅에 도달하지 못할 뻔 했으나, 종들의 권고를 들음으로써, '치료'라는 땅을 차지하게 되었습니다. 나아만 장군에게는 온유의 모습이 조금은 있었던 것입니다. 현대를 살아가는 우리들에게도 이러한 양면성이 있습니다. 하나님의 말씀을 대할 때에 순종해야지 하는 생각도 있으면서도, 또 다른 한편으로는 이렇게까지 해야 되나라는 생각이 있는 것입니다. 온유와 순종의 삶은, 그래서 평생을 배워야 되는 것입니다.

4 열왕기하 5장 14절

온전히 온유하신 예수님의 심장

온유라는 동정의 양면이 겸손과 순종이라면, 이 둘을 모두 갖추신 분이 계십니다. 완벽하게 갖추신 분이 있습니다. 그분은 예수 그리스도입니다. 그분의 겸손과 순종에 대해서 잘 나와 있는 곳은 바로 빌립보서 2장 5절에서 8절입니다.

> "너희 안에 이 마음을 품으라. 곧 그리스도 예수의 마음이니 그는 근본 하나님의 본체시나 하나님과 동등 됨을 취할 것으로 여기지 아니하시고, 오히려 자기를 비어 종의 형체를 가져 사람들과 같이 되었고, 사람의 모양으로 나타나셨으매 자기를 낮추시고 죽기까지 목종하셨으니 곧 십자가에 죽으심이라."

예수님은 겸손의 모습과 순종의 모습을 보여주시되 이렇게도 철저하게 보여주셨습니다. 예수님의 겸손은 단지 많이 배운 자가 아는 체를 하지 않는 수준의 겸손이 아니셨고, 만왕의 왕이신 분이 낮고 낮은 인간의 모습으로 오신 것입니다. 예수님의 순종의 모습은 단지, 성경말씀의 일부분을 생활에서 실천하는 도덕적인 차원에 머무는 순종이 아니라, 자신의 목숨까지도 내어놓으시기까지 순종하고 복종하셨습니다. 예수님은 가장 겸손하신 분이며, 예수님은 죽기까지 순종하신 분이십니다. 겸손과 순종의 왕이신 예수님은, 따라서 온유의 왕이 되십니다. 그렇다면, 마태복음 5장 5절의 말씀이 온유한 삶을 사신 예수님과 어떤 연관성이 있습니까? 온유한 자는 땅을 차지한다는 말씀이 예수님에게도 이뤄진 것입니다.

온유의 왕이신 예수님은 땅을 기업으로 받으셨습니다. 빌립보서 5장 9절에서 11절을 보면, 온유하시고 겸손과 순종의 모범이신 예수님이 땅을 차지한 내용이 나옵니다.

"이러므로 하나님이 그를 지극히 높여 모든 이름 위에 뛰어난 이름을 주사 하늘에 있는 자들과 땅에 있는 자들과 땅 아래 있는 자들로 모든 무릎을 예수의 이름에 꿇게 하시고 모든 입으로 예수를 주라 시인하여 하나님 아버지께 영광을 돌리게 하셨느니라."

예수님은 온유의 왕, 겸손의 모범자, 순종의 챔피언이 되셔서, 땅을 유업으로 받으셨습니다. 모든 이름 위에 뛰어난 이름이 되셨고, 땅뿐만 아니라, 하늘과 땅과 땅 아래 있는 모든 것의 주가 되게 하셨습니다. 마태복음 5장 5절의, 온유한 자가 땅을 차지한다는 말씀이 예수님에게도 적용이 되는 것입니다.

우리가 잃어버린 땅이 있었습니다. 아니, 우리의 조상이 잘못해서 잃어버린 땅이 있었습니다. 그 땅의 이름은 에덴입니다. 그 땅을 잃어버린 것은 바로 우리가, 그리고 우리의 조상이 온유하지 못했기 때문입니다. 불순종했기 때문입니다. 우리가 그 땅을 다시 얻어오려면, 우리는 온유해야 하고 순종하는 아들들이 되어야 하는데, 우리의 온유와 우리의 순종에는 한계가 있습니다. 그런데, 우리의 한계를 넘어서, 우리가 되찾을 수 없는 에덴을 다시금 찾을 수 있는 소망을 주신 분이 계시니 바로 예수 그리스도입니다.

우리는 불순종의 아들로서 에덴 땅을 잃어버렸는데, 그 빼앗긴 에덴 땅을 회복시켜주시려고 오신 분이 바로 죽기까지 순종하신 예수 그리스도입니다. 우리의 온유와 겸손과 순종은 너무나도 보잘 것 없지만, 예수님의 온유와 순종은 너무나도 완벽한 것이었습니다. 그래서, 불순종하고 온유하지 못한 한 사람으로 인해서 우리는 에덴을 빼앗겼지만, 순종하고 온유하신 한 분으로 인해서 에덴을 회복할 소망을 가지게 된 것입니다.

로마서 5장 19절에 말씀하십니다.

"한 사람이 순종치 아니함으로 많은 사람이 죄인된 것 같이, 한 사람의 순종하심으로 많은 사람이 의인이 되리라."

무슨 말씀입니까? 예수님은 우리가 온유하지 못하고 불순종함으로 잃어버린 에덴동산을 되찾아 주시려고, 우리를 대신해서 온유하고 순종하는 분이 되어주셨습니다. 그리고, 우리가 잃어버린 에덴동산이라는 땅과 하나님과의 화목이라는 땅을 되찾아주시기 위해서, 그분은 완벽하고도 온전한 온유와 순종의 모습을 보여주셨습니다.

어떻게 순종과 온유의 모습을 보여주셨습니까? 우리를 위해서 죽어주셨습니다. 우리가 잃어버린 그 땅을 되돌려 주시기 위해서 예수님은 우릴 위해서 죽기까지 순종하신 것입니다. 예수님의 그 죽음은 우리의 모자란 순종을 모두 채워주신 죽음이며, 하나님 앞에서 온유하지 못한 우리의 온유를 모두 채워주신 죽음입니다.

왜 그렇게 죽으셔야만 했습니까? 우리가 순종치 못하고 온유하지 못해서 잃어버렸던 에덴이라는 땅을 다시금 찾아서 주시려고.

왜 그렇게 죽으셔야 했습니까? 우리가 순종치 못하고 온유하지 못해서 잃어버렸던 하나님과의 화목이라는 땅을 되찾아 주시려고.

왜 그렇게 죽으셔야만 했습니까? 조금도 순종하지 못하는 우리의 순종을, 온전한 순종으로 덮어주시려고.

왜 그렇게 죽으셔야만 했습니까? 우리가 차지하고 싶지만 차지할 자격이 되지 못하는 땅을 그렇게도 돌려주시고 싶었기 때문입니다. 에덴동산을. 천국을.

우리의 온유와 우리의 순종으로는 도저히 그 땅을 다시 살 수 없었지만, 예수님께서 보여주신 그 온유와 그 순종은 온전한 것이었고 완전한 것이었기에, 그 낙원을 다시금 살 수 있게 된 것입니다. 아니 그 낙원은 이 지상의 불완전한 것이었지만, 저 하늘에 더 나은 낙원을 우리를 위해서 사 주시고, 그곳에서 우리를 기다리고 계십니다. 사랑하는 자녀를 위해서 수십 년간 집장만을 하느라고 새벽시장에서 일하는 어머니들보다 더 큰 사랑의 마음을 가지고, 우리를 맞이하려고 기다리고 계십니다. 주님이 천국에서 말씀하십니다.

"내가 너희를 위해 이 땅을 그리고 이 집을 마련했다."

온유한 자는 땅을 차지한다고 했는데, 가장 금싸라기 땅은 바로 천국입니다. 우리의 온유함과 우리의 순종과 우리의 의로는 도저히 살 수 없는 그 땅을, 주님께서는 대신 사주셨습니다. 그분의 온유와 그분의 순종과 그분의 의로움은 온전하시고 완전하시기 때문입니다. 어떻게 사주셨습니까? 그분의 피를 흘려서, 그 피 값으로 사주셨습니다. 이것을 믿기만 하면, 우리 모두는 그 땅을 차지하는 것입니다. 천국 땅을 소유하게 되는 것입니다. 천국 땅이 우리의 이름으로 등기되는 것입니다. 그 온유하시고, 겸손하시고, 순종하신 분께서, 목이 곧고, 교만하고, 불순종하는 우리를 대신해서 그 값을 대신 치르셨다는 사실을 믿기만 하면 됩니다. 이것이 바로 복음입니다. 우리는 온유하지 않지만, 온유하다고 여겨주시는 것입니다.

우리는 순종하지 않았지만, 순종했다고 보아주시는 것입니다.

우리는 겸손하지 않았지만, 겸손하다고 보아주시는 것입니다.

우리는 의롭지 않지만 의롭다고 보아주시는 것입니다.

우리는 온유하지 않아서 천국 땅을 소유할 자격이 없지만, 온유하신 주님을 믿으면 천국 땅이 우리 땅이 되는 것입니다.

그 땅의 등기자격

그런데 우리가 천국을 소유하는 자가 되는 데 있어서 놀라운 사실이 하나 있습니다. 그것은 우리가, 양도인과 양수인의 관계로 그 천국을 소유하게 되는게 아니라는 것입니다. 무슨 말입니까? 그 천국을 우리에게 주시는 것도 고마운데, 매도인과 매수인의 관계로 주시는 것이 아니라, 자식에게 상속하듯이 주신다는 말씀입니다. 온유한 자는 복이 있나니, '저희가 땅을 양도받으리요.'가 아닙니다. '저희가 땅을 받으리요.'가 아닙니다. '저희가 땅을 기업으로 받을 것임이요.'라고 되어 있습니다. 기업으로 받는다는 말은 상속한다는 말이고 상속한다는 말은, 자식의 신분으로 받는다는 것입니다.

불순종하고 에덴동산에서 쫓겨난 자들이 우리 조상과 우리의 참모습인데, 하나님은 자기 자식을 피 흘려 죽게 하시고, 이 죄인들을 의롭게 하셔서, 나중에 천국 땅을 밟게만 하는 것도 영광인데, 그 땅을 주시되 그냥 남에게 주듯이 등기해주는 것이 아니고, 그 땅을 아비가 자식에게 주듯이 주시겠다는 것입니다. 온유한 자는 복이 있나니 저희가 땅을 기업으로, 상속자로서 받을 것임이요. 하나님의 사랑이 이런 것입니다.

온유 VS 교만과 고집

결국 우리가 점차적으로 버려야 할 성향은, 교만과 고집입니다. 왜냐하면, 온유는 겸손과 순종을 말하기 때문입니다. 우리 안에, 교만의 성향이 있어서 고통을 당합니다. 우리의 심장에 제 멋대로 살고 싶은 성향이 있는데, 그것을 따라가면, 행복할 것 같지만, 불행이 있습니다. 겸손과 순종의 성향은 양의 성향이고, 교만과 고집의 성향은 염소의 성향입니다. 우리의 심장이 회복해야 할 세 번째 성향은 바로 온유이며, 이것은 겸손과 순종의 성향입니다.

격려의 교육을 통해서 우리의 학생들과 자녀들이 온유의 모습을 회복하게 됩니다. 그리고, 온유의 모습을 회복한 그들은 천국을 경험하면서 살아가게 됩니다. 격려의 교육은 그들을 온유한 자로 회복시켜 가고, 천국을 누리도록 만들어 줍니다.

격려의 교육을 통해서 회복되는 심장/성향 4: "의"를 갈망함 (마5:6)

한 건방진 청년

한 건방진 청년의 스토리가 있습니다. 마태복음 19장에 보면 한 청년이 나옵니다. 이 청년은 자신이 율법을 잘 지켰고 그래서 나름대로 의로운 삶을 살고 있다고 생각했습니다. 그래서 이 청년은 예수님께 가서 말합니다. '예수님 저는 계명들을 지켰는데, 제 자신에게서 부족한 것이 무엇인지를 알지 못하겠습니다.'라고 말합니다. 그 청년은 계속해서 말합니다. '저는 이런 계명들을 모두 지켰습니다. 예를 들면요 살인하지 말라, 간음하지 말라, 도적질 하지 말라, 거짓 증거하지 말라, 네 부모를 공경하라, 네 이웃을 네 몸과 같이 사랑하라. 이런 명령들을 다 지켰습니다.' 이런 말을 하는 이 청년은 나름대로의 만족감을 가지고 살았던 것입니다. 자신은 선행을 했고, 율법들을 지켰으며, 나름대로 의로운 자의 삶을 살아왔다는 말을 예수님께 합니다.

이 청년은 자신의 의로운 삶에 대한 자신감을 가지고서 심지어 이렇게까지 말을 합니다. '이 모든 것을 내가 지키었사오니 아직도 무엇이 부족하니이까?' 이 청년은 자신의 삶이 참으로 의롭다고 여겼던 것입니다. 그러자 예수님께서 그 청년에게 자신의 소유를 팔아서 가난한 자들에게 주라고 하자, 그 청년은 근심을 하면서 돌아갑니다. 자신은 나름대로 의롭고 선한 삶을 살았다고 자부해왔고, 나름대로의 만족감을 가지고 살아왔는데, 예수님이 그의 삶에서 부족한 부분을 지적하시자, 그는 자신의 연약한 모습을 보게 되고 돌아가게 됩니다.

이 마태복음 19장에 나오는 청년을 보면서, 우리 자신을 돌이켜 보아야 합니다. 우리 중에도 자신이 비교적 의로운 삶을 살아왔다고 느끼는 사람이 있을 수 있습니다. 자신의 삶을 돌이켜 보면서, 자신이 의로운 삶을 살았다고 느끼면서 나름대로의 만족감을 가지고 사는 사람도 있을 것입니다. 하지만, 마태복음 19장에 나오는 한 청년의 자신의 의로움으로 인한 만족감이 매우 불완전한 것이었듯이, 사람이 자신의 선행과 의로움을 바라보면서 느끼는 만족감은 매우 불완전한 것입니다. 의에 주리고 목마른 자는 배부를 것이고, 만족하게 된다고 했는데, 이 청년은 의로운 삶을 추구해왔지만, 그 만족감은 예수님을 만나고 나서 줄어들게 되었습니다. 왜냐하면 자신의 의로운 삶에 대한 여정은 아직도 멀었다는 것을 깨닫게 되었기 때문입니다.

자신의 의로움은 100점짜리라고 믿는 사람들

우리는 때로, 자신이 비교적 의로운 삶을 살아왔다고 느끼면서, 그렇게 살지 못하는 다른 사람과 자신을 비교하면서 만족감을 느낀 적이 있습니다. 다른 사람의 의로움의 지수가 30인데, 자신의 의로움 지수가 80이라고 느끼면서, 만족감을 느끼는 적도 있습니다. 예수님이 이 땅에 오셨을 때에, 자신들의 의로움의 지수가 거의 100점에 가깝다고 믿었던 무리들이 있었습니다. 그들은 당시의 종교 지도자들이었습니다. 서기관들과 바리새인들이 대표적인 예입니다. 이들은 사람이 하나님의 율법을 모두 지켜 살면 의로운 삶을 사는 것이라고 믿었고, 그렇게 가르쳤습니다. 이들은 성경을 달달 외웠습니다. 그리고, 성경의 모든 말씀을 지켜 행하는 것을 업으로 삼았고, 사람들에게 그러한 삶을 살아야 한다고 가르치고 강요했습니다. 이들은 대체적으로 자신들의 의로움은 매우 높은 것이라고 여기면서, 다른 사람들도 그러한 삶을 살도록 가르칠 뿐만 아니라, 강요했던 것입니다.

하지만, 바리세인과 서기관들의 의로움에 대해서, 예수님은 이렇게 말씀하십니다. 그들의 의로움은 100점이 아니라 빵점에 가깝다고 말씀하십니다. 마태복음 5장 20절에 예수님은 제자들에게 이렇게 말씀하십니다.

"내가 너희에게 이르노니 너희 의가 서기관과 바리새인보다 더 낫지 못하면 결단코 천국에 들어가지 못하리라."

예수 믿는 사람들의 의로움이 바리새인보다 못하면 천국에 들어갈 수가 없다는 것입니다. 다시 말하면, 우리들의 의로움이 바리새인과 서기관들보다 높아야 한다는 것입니다. 바리새인과 서기관들은 나름대로 자신들의 의로움에 대한 만족감을 가지고 살았던 자들이었는데, 이 말을 들었다면 엄청나게 화를 냈을 것입니다. 왜냐하면, 자신들은 사람들이 의로운 삶을 살 수 있도록 도와주는 자들이고, 사람들을 지도하는 위치에 있는데, 예수님이 자신들을 깎아 내리는 말씀을 하시니까, 아마도 기분이 엄청 나빴을 것입니다. '아니, 내가 의로운 삶을 가르치는 종교 지도자인데, 어떻게 나한테서 배우는 성도들이 나보다 더 의로운 삶을 살 수 있단 말인가?'라고 하면서 분개하는 마음과 의아스러운 마음이 교차했을 것입니다. 바리새인과 서기관들은 나름대로 자신들은 의에 주리고 목마른 자들이고, 의로운 삶을 추구하는 자들이었습니다. 그리고 의에 주리고 목마른 자는 배부르고 만족감을 느낀다는 말씀대로, 나름대로의 만족감을 느끼면서 사는 자들이었습니다. 바리새인과 서기관들은 자신들의 의로움 지수는 100점에 가깝다고 느끼면서 나름대로 큰 만족감에 사로잡혀 있었는데, 예수님이 말씀하시기를 그들의 의로움은 빵점에 가깝다고 했을 때, 그들의 만족감은 바닥으로 떨어졌을 것입니다. 바리새인과 서기관들은 자기들 나름대로 의에 주리고 목마른 자들이었습니다. 그래서 오늘의 약속의 말씀대로 그들은 배부르고 만족해했습니다. 그러나, 그들의 만족함과 배부름은 매우 불완전한 것이었습니다.

"의"에 주리고 목말랐지만, 만족하지 못한 이유

마태복음 19장에 나오는 한 청년도, 예수님 당시의 종교 지도자들도 모두 다 의에 주리고 목말라 하면서, 의로운 삶을 추구했습니다. 그리고 그들은 나름대로의 만족감이 있었습니다. 하지만 이들의 만족감은 불완전한 것이었습니다. 왜 그렇습니까? 왜 의로운 삶을 살았다고 느꼈던 한 청년도, 바리새인과 서기관도 불완전한 만족감을 느꼈습니까? 그것은 바로 의로운 삶에 대한 그릇된 시각에서 비롯된 것입니다. 그들은 자신의 의로움을 추구했습니다. 자신의 선행과 자신의 율법준수에서 오는 의로운 삶을 추구했던 것입니다. 그들은 모두 다 의에 주리고 목마른 자들이었는데, 자신의 의로움을 추구했던 자들이었습니다. 자신의 선행과 자신의 도덕적인 완벽성에서 자신의 의로움을 추구했고, 자신을 바라보면서 만족해했기 때문에, 자신의 의로움이 모자라는 것을 발견했을 때에 실망하고 쓰러질 수밖에 없었습니다. 의에 주리고 목마른 자들이었는데, 자신의 의로움을 추구하는 자들이었습니다. 인간은 불완전 할 수밖에 없기 때문에, 자신의 의로움을 쌓아 나가다가 거기에서 오는 만족감과 배부름도 있었습니다. 하지만, 그들의 만족감과 배부름도 실망스러운 것이었고 불완전한 것이었고 제한적인 것이었습니다. 의에 주리고 목마른 자였지만, 불완전한 인간의 의로움을 추구했기에 그들의 만족감도 매우 불완전하고 낮을 수밖엔 없었습니다.

우리가 갈구해야 하는 "의"

그렇다면, 우리가 추구해야 할 의로움은 무엇입니까? 우리가 목말라하고 열망하면서 바라보아야 할 의로움은 무엇입니까? 우리가 어떤 의로움을 추구할 때에 우리에게 참 배부름과 참 만족이 있습니까? 그것은 바로 예수그리스도께서 우리를 의롭게 하셨음을 바라보는 것입니다. 우리가 우리의 의로움을 바라보고, 우리가 우리의 의로움을 쌓아나갈 때, 우리에게 참 만족과 참 배부름이 없습니다. 그러나, 우리 주 예수그리스도께서 십자가에서 이루신 사건을 통해서, 우리가 의롭게 되었다는 사실을 믿고 바라볼 때에, 우리는 참 만족과 참 배부름을 경험하게 됩니다. 우리가 추구하고 바라보아야 할 의로움은 우리의 선행이나 도덕적인 삶에서 오는 것이 아니라, 바로 예수님께서 우리에게 허락하신 의로움인 것입니다. 우리가, 우리 자신의 도덕적인 의로움을 계속해서 추구해 나간다면, 우리에게는 평생토록 갈증과 배고픔이 있습니다. 하지만, 주님이 주신, 주님이 허락하신 의로움을 바라볼 때에, 우리는 우리자신의 선행이나 과거의 죄에 관계없이 의롭다함을 얻게 되고, 죄에서 자유를 얻게 되고, 참 만족과 참 배부름을 경험하게 되는 것입니다. 우리가 우리의 불완전한 의로움을 바라볼 때, 불완전한 만족을 누리지만, 우리가 예수님께서 허락하신 의로움을 바라볼 때에 우리 안에 참 만족이 있게 됩니다.

자신의 의로움이 0점이라고 믿는 사람

앞에서 언급한, 한 청년과 바리새인과 서기관들은 자신의 의로움이 100점에 가깝다고 생각했지만, 그들은 예수님 앞에서 코가 깨지고, 거짓만족과 거짓 배부름에 있는 자신을 보게 되었습니다. 그런데, 이들과 반대되는 한 여인이 있습니다. 이 여인은 자신의 의로움은 빵점에 가깝다고 여깁니다. 요한복음 4장에 나오는 여인입니다. 하루는 예수님께서 사마리아의 우물가에서 한 여인에게 물을 달라고 하자, 그 여인은 자신의 의로움의 점수가 매우 낮다고 합니다. 자신은 유대인들이 천시 여기는 사마리아 사람이며, 과거에 다섯 명의 남편이 있었고, 현재 같이 살고 있는 남자도 자신의 남편이 아닙니다. 이 여인에게 예수님이 말씀하십니다. '내가 메시아다.' '내가 그리스도다.' 하고 말씀하십니다. 이 여인이 자신의 의로움이 매우 낮은 자라고 여겼던 점에서는 바리새인들과 반대였지만, 자신의 의로움을 추구하고 바라보았다는 점에서는, 바리새인들과 같았습니다. 이 여인은 자신의 의로움이 매우 낮음을 보고 늘 괴로워했을 것이고, 바리새인들은 자신의 의로움을 보면서 우월감에 빠져서 헛된 만족감을 가지고 살았던 것입니다. 의에 주리고 목말라했는데, 자신의 의로움을 바라보았기에 이들에게는 참 만족이 없었습니다. 참 만족이 없었기에 어떻게 했습니까? 이 여인은 성적 쾌락을 통해서 삶의 만족을 찾아보려고 했습니다. 한 남자가 자신에게 참 만족을 주지 못했기에, 다른 여러 명의 남자들을 만났습니다.

나의 "의"가 아닌 그분의 "의"

우리는 의에 주리고 목말라 해야 하는데, 그 의로움은 우리 자신의 의로움이 되어서는 안 됩니다. 예수님께서 우리에게 허락하신 의로움이어야 합니다. 예수님께서는 우리를 의롭다고 해 주셨습니다. 이 사실을 믿기만 하면, 우리는 우리 자신의 행위에서 오는 의로움에 목말라하지 않아도 됩니다. 우리는 바리새인처럼 도덕적 우월감에 빠져서도 안 되고, 사마리아 여인처럼 자신을 더럽게 여겨서도 안 됩니다. 우리는 모두 예수님 믿기 전에는, 죄로 더러운 존재였지만, 예수님을 믿고 난 후에는 모두다, 주님께서 깨끗하고 의롭다고 인친 주님의 자녀들이 된 것입니다. 이 사실을 믿고 바라볼 때에, 우리 안에 참 만족과 참 배부름이 있습니다.

의에 주리고 목마른 자는 참 만족이 있다고 성경은 말씀하시는데, 우리는 지금까지 어떤 종류의 의로움에 갈급해 하는 심장을 가지고 살아왔는가를 살펴보아야 합니다. 자신의 행위에서 오는 의로움을 바라보는 자는, 자신에게 백 점을 주든 빵점을 주든 참 만족이 없습니다. 왜냐하면, 사람의 행위에 근거한 의로움은 매우 불완전하고 모자란 것이기 때문입니다. 그러나, 우리 주 예수그리스도께서 십자가에서 이루신 그 온전하신 의로움을 바라보는 자는, 그 심령에 죄에서의 자유가 있고, 참 만족과 기쁨이 넘치는 것입니다.

'우리의 의'로는 마태복음 5장 6절의 약속의 말씀을 받을 수가 없는 죄인들이었습니다. 우리는 우리의 의로움을 쌓아보려고도 했지만,

율법이 요구하는 모든 조항을 지킬 수 있는 능력이 우리에게는 없었습니다. 그래서 우리는 참 만족과 참 배부름을 경험할 수가 없는 자들이었습니다. 그러나, 우리에게 참 만족과 참 배부름을 주시려고, 우리 같은 죄인을 의롭다 하신 분이 있으니, 바로 예수그리스도인 것입니다.

예수님은 죄가 없으신 의로우신 분이셨는데, 죄인 된 우리를 의롭게 하시려고, 대신 죗값을 내 주셨습니다. 왜 입니까? 우리로 하여금 참 만족과 참 배부름을 경험하기를 그렇게도 원하셨기 때문입니다. 우리가 아무리 의에 주리고 목말라해도, 그 의로움이 우리의 의로움이라면, 우리는 도저히 참 만족을 경험할 수 없는 자들에 불과한데, 예수님은 우리에게 자신의 의로움을 주셨습니다. 더럽고 때가 잔뜩 묻은 옷을 입고서, 누구의 옷이 더 까만지를 비교하던 우리들에게, 모두 흰 의로움의 옷을 입혀주신 것입니다. 왜입니까? 우리에게 참 만족과 참 배부름을 허락하시기 위해서입니다. 그리고 그분은 우리에게 그 의의 흰옷을 사주시기 위해서 값을 내셨습니다. 우리가 걸레 같고 누더기 같고 때가 잔뜩 묻은 옷을 입고 참 만족이 없자, 주님은 우리 믿는 모두에게 흰 의의 옷을 한 벌씩 사주셨습니다. 그 옷을 사주시기 위해서 그분이 치르셨던 대가는 바로, 수십 만원의 돈이 아닌, 그분의 생명과 그분의 피와 그분의 살이었습니다.

명절 때가 되면, 부모님이 자식들에게 옷이라도 한 벌씩 사주려고 합니다. '이번 명절에는 우리 딸 한복이나 한 벌 사줘야지. 옷 한 벌도 없어선.' 하면서, 시장에서 순대 하나라도 더 팔고, 깻잎 하나라도 더 파는 것이 부모입니다. 하지만, 자식에게 옷 한 벌 사주려고, 자신의 손가락을 팔거나 자신의 피를 파는 부모는 거의 없을 것입니다. 그런데, 우리 예수님은, 우리에게 의의 흰옷을 입혀주시기 위해서, 자신의 손가락을 지불하고, 발도 내어 주시고, 머리도 내어주시고, 피를 모두 쏟으셔서 우리에게 옷 한 벌씩을 주셨습니다. 단지 옷 한 벌을 위해서입니다. 바로 의의 의복입니다. 우리는 모두 주님이 생명과 피를 주고 사주신, 의의 흰옷을 입은 자들입니다. 그리고, 우리의 목마름을 해결해주시기 위해서 예수님은 십자가에서 목말라 하셨습니다.

"내가 목마르다."

우리의 의에 주리고 목말라하는 것을 해결해 주시기 위해서 예수님은 목말라하셨고 우리에게 의의 의복을 허락하신 덕입니다. 우리는 더 이상, 예전의 땟국물 흐르던 옷을 입던 자들이 아닙니다. 우리는, 모두 주님이 허락하신 의의 흰옷을 소유한 자들이고, 그 옷을 입은 자들이고, 이미 의롭다 함을 받은 의의 자녀들인 것입니다.

우리가, 우리 자신의 의로움을 바라보고, 그것을 더 쌓아나가려는 열망과 목마름에서 벗어나서, 우리 주님이 허락하신 의의 옷을 바라볼 때에, 우리는 더 이상 우리의 의로움에 의지하지 않고, 주님이 주신 의로움에 의지하게 됩니다. 그렇게 될 때에만, 우리 영혼에 참 만족이 있습니다. 우리가 의에 주리고 목마른 자들이 되면, 하나님은 우리의 영혼에 참만족과 참배부름을 허락하시는데, 영혼의 만족뿐만 아니라 실제적인 필요도 채워주십니다. 의에 주리고 목마른 자들, 하나님이 주신 의의 옷을 붙드는 자들이 될 때에, 우리에게 실제적인 것들도 주십니다. 마태복음 6장 33절에 보면, 너희는 먼저 그 나라와 그 의를 구하라 그리하면 이 모든 것을 더하시리라라고 했습니다. 그 나라와 그 의를 구하라고 합니다. '그 의'라는 것은 하나님의 의로움이라는 말입니다. 하나님의 의로움을 구한다는 것은 하나님의 뜻이 이뤄지기를 바란다는 말입니다. 우리가 우리의 삶에 하나님의 의가 나타나기를 소원할 때에 하나님께서는 우리의 삶의 모든 필요를 채워주시는 것입니다.

정의는 어디에?

이 말씀을 이 땅과 천국에 적용해 볼 수 있습니다. 사회정의를 원하는 사람들이, 땅에서의 의로움과 정의를 부르짖습니다. 공평이 없고 약한 자가 압제를 당하고, 고아와 과부가 억울하게 누명을 쓰기도 합니다. 강자가 약자를 약탈해도, 누구 하나 돕는 자가 없을 때도 있습니다. 정의가 사라진 것 같은 생각이 들 때가 많이 있습니다. 드물긴 하지만, 대학입시에도 부정이 있어서, 열심히 공부 한 학생이 떨어지기도 하는 반면에, 돈 있는 자가 부정으로 자녀를 들여보내기도 합니다. 청년실업 100만 명 시대에 4-5년씩 힘들게 취업재수를 해도 안 되는 사람도 있는데, 큰 노력 없이 낙하산으로 대기업에 쉽게 들어가는 사람도 있습니다. 경쟁이 있기에 공평한 사회라고 하지만, 그 경쟁에 참여하는 자들 사이에 출발선이 다릅니다. 교사임용시험을 힘들게 준비하는 사람이 있는 반면에, 사립학교에 아는 사람을 통해서 들어가는 사람이 있습니다. 허리가 아파도 최전방에 가서 훈련받는 사람이 있는 반면에, 사지 멀쩡해도 군대 면제 받는 사람도 있습니다. 그래서 정의가 없고 이 땅에는 의로움이 없는 것처럼 보이기도 합니다. 그래서 많은 사람이 정의에 목말라 합니다. 이렇게 절규하는 사람도 있을 것입니다. 부르짖습니다.

"하나님 이 땅에 정의가 어디에 있습니까? 주님 정의가 이 땅에 어디에 있습니까? 왜 이리 세상이 불공평합니까? 주님 대답 좀 해주세요. 주님 정의에 목마릅니다."

물론 공평과 정의가 강물처럼 흐르는 나라도 있고, 우리나라보다 더 많은 부조리가 있는 나라들도 있습니다. 하지만 지상의 어떤 나라를 가더라도 정의가 100퍼센트 구현되는 나라는 없을 것입니다. 왜냐하면, 불완전한 사람이 모여살기 때문이고, 사람의 정의에 대한 판단도 다 다르기 때문입니다.

사람들은 정의를 원하는데, 이것이 구현되지 않으니까, 정의에 목마른 자들이 세상을 여러 번 뒤집었습니다. 그런데 지금 세상에 더 많은 정의가 구현되고 있습니까? 그리고 이제는 정의에 목마른 사람들이 없어졌습니까? 아닙니다. 아직도 정의에 목마르고 굶주린 사람들이 있습니다. 이들이 만족하고 배부를 수 있는 날이 옵니까? 옵니다. 하지만, 이 땅에서는 아닙니다. 정의에 목말라하던 자들이 온전한 정의와 평강이 있는 곳에 도달할 날이 있으니 바로 하늘나라입니다. 화염병과 붉은 띠를 가지고 밤을 새고, 사방을 돌아다녀도 채울 수 없던, 그 정의에 대한 목마름과 배고픔을 해결할 날이 있으니 바로 하늘나라입니다. 우리는 그 하늘나라에 가게 되면, 이 땅에서 정의롭지 못한 판결로 받았던 모든 목마름을 풀고, 정의에 대해서 배고팠던 모든 부분을 해결하게 될 것입니다. 그리고, 이 땅에서 잠시 당하는 정의에 대한 목마름을 모두 풀게 되는 것입니다.

"의에 주리고 목마른 자는 복이 있나니 저희가 배부를 것임이요."

So What? (그래서 어떻게?)

우리는 자신의 의로움을 바라보고 그 의로움을 과대평가하거나 과소평가함으로써, 도덕적인 자만감이나 죄책감에 빠지는 자가 되지 말아야 합니다. 우리가 바라보고 감사해야만 하는 것은, 예수님께서 우리에게 주신 의의 옷. 의의 흰옷입니다. 우리에게 참 만족과 참 배부름을 주시기 위해서 주님께서는 핏값을 주시고, 그 의의 옷을 우리에게 모두 선물로 주셨습니다. 우리의 의를 추구하거나 목말라 하지 말고, 하나님이 우리에게 주신 의의 옷을 바라봅시다. 그럴 때에, 우리 안에 참 만족과 참 배부름이 있고, 모든 죄책감에서 해방되게 됩니다. 또한, 우리가 이 땅에서 당하는 불의한 일로 인하여 고통당할 때가 있지만, 정의에 주리고 목마른 분들은 조금만 기다리시면 됩니다. 하늘나라에 가면, 그곳에는 불의한 판결이 없습니다. 의에 주리고 목마른 모든 것을 이 땅에서 풀지 못했다면, 하늘나라에 가면 주님께서 모두 다 풀어주실 것입니다. 사랑이실 뿐만 아니라 정의 그 자체이신 주님의 위로가 넘칠 것입니다.

의에 주리고 목마른 자들이 되어야 합니다. 그러나 자신의 의로움을 바라보는 어리석음에서 벗어나, 주님이 주신 의의 옷을 바라보고, 입고 기뻐합시다. 의에 주리고 목마른 자들이 됩시다. 그러나 이 땅에 정의가 사라지고 있음을 한탄하는 자들이 되기보다는, 불공평한 판결이 없는 저 하늘나라를 바라봅시다. 주님은 어쩌면, 이 땅에 우리가 사는 동안에 정의에 대한 굶주림과 배고픔을 2%정도는 계속해서 남겨 두실 것입니다. 그래야 우리가 하늘나라를 사모하게 되기 때문입니다. 그러나 그 충족되지 못하는 부분을 가지고 실망하지 말고, 오히려 부족한 위로를 인하여 하늘나라에 소망을 둘 수 있음에 감사하며 살아갑시다. 주님은 우리가 이 땅에 사는 동안 계속해서 의에 주리고 목마르게 하실 것입니다. 그 해갈되지 못하고 남아있는 부분은, 주님께서 우리를 고통스럽게 하려고 남겨두신 가시가 아니라, 우리가 하늘나라를 사모하도록 도와주는 주님의 사랑의 선물인 것입니다. 우리에게 큰 복을 주시려는 그분의 숨겨진 사랑의 메시지입니다.

자신의 의로움 VS 주님이 허락하신 의로움

우리가 행복한 삶을 누리기 위해서 우리의 심장이 고침을 받아야 하는데, 우리가 회복해야 할 심장의 네 번째 성향은 바로 주님의 의로움을 구하는 것입니다. 자기 자신의 의로움을 바라보고, 왜 자신이 그렇게도 더럽게 살았는가를 가지고, 그 속에서 괴로워하고, 죄책감에 빠지게 되면, 우리는 고통 속에서 살게 됩니다. 그런데, 놀라운 것은, 자기 자신이 용서받지 못할 죄인이라는 생각을 많이 하는 사람들 중에는 정말로 선한 삶을 사는 사람들이 많이 있다는 것입니다. 예를 들면, 어떤 사람은 자기가 설교시간에 다른 생각을 했기 때문에, 그것으로 인해서 죄의식을 느낀다는 것이었습니다. 어떤 청년은 자기가 과거에 이성 친구에게 한 실수로 인해서 큰 죄책감에 허덕이는 것을 보았습니다. 하지만, 주님은 우리 자신의 의로움에 목말라하고 그것을 갈망하길 원치 않으십니다. 그것이 100점이건 0점이건 98점이건 주님은 우리가 그것을 바라보길 원하지 않고 계십니다. 주님은 우리가 그분이 이뤄놓으신 의, 바로 십자가에서 우리에게 허락하신 '의'를 바라보고, 구하게 되길 원하고 계십니다. 왜냐하면, 그럴 때에, 우리는 죄의식에서 해방되고, 더 건강한 심장으로, 더 행복한 삶을 풍성하게 누리게 되기 때문입니다.

우리의 학생들이나 자녀들이, 격려의 교육을 통해서 회복하게 되는 성향은 바로 의에 주리고 목마른 자들이 된다는 것입니다. 이렇게 될 때에, 이들은 세상의 다른 것에 목마르거나 주리거나 중독되지 않게 됩니다. 오직, 주님의 의를 추구하고, 이것에 목마른 자들이 됩니다. 세상의 다른 것에 목마른 자들이 되고 배고픈 자들이 되면 이들의 삶은 곤고하게 되고 만족을 모르게 됩니다. 하지만, 이들이 의에 주리고 목마른 자들이 되게 만들면 -격려의 교육을 통해서- 그들의 인생은 해갈되고 채워지게 됩니다. 이것이 바로 격려의 교육이 주는 파워이자 큰 복입니다.

격려의 교육을 통해서 회복되는 심장의 성향 5: 긍휼히 여기는 성향(마 5:7)

하루는 급한 일을 보고 있는데 전화가 왔습니다. 금요일 오전이어서 업무와 관련된 전화가 오리라 예상을 하고 있었는데 한 여자분이 전화를 해서 자신을 아느냐고 물어보면서 반말을 해도 되겠냐고 하는 것입니다. 그런데 저는 그 이름이 누구인지 잘 기억이 나지 않아서 당황했습니다. 상대방은 저를 아는데, 제가 완전히 모른다고 하면 실망을 할 것이고, 안다고 하면 대화의 진전에 막히는 부분이 있을지도 몰라서였습니다. 그래서 어정쩡하게, 안다고도 못하고 모른다고도 못하다가, 그분이 국제기아대책이라는 말을 하니까 누군지 감이 잡히는 것입니다.

그 자매님은 17년 전에 교회에서 대학부 활동을 같이 했던 분이었고, 대학에서 영문학을 전공하던 분이었습니다. 당시에, 외국인 몇 분이 예배에 참석을 하곤 했는데, 저와 함께 통역기를 가지고 설교통역을 분담하곤 했었습니다. 그러다가 어느 날 갑자기 결혼을 하고 국제기아대책기구를 통해서 아프리카에 가게 되었다는 소식을 듣게 되었습니다. 그리고는 소식을 알 수 없었는데, 전화 통화를 통해서 하는 말이 아프리카의 탄자니아에서 10여 년간 사역을 했다는 것입니다. 케냐정도만 되도 생활여건이 많이 괜찮을 텐데 하는 생각을 저는 했는데, 아니나 다를까 탄자니아에서 고생을 많이 한듯했습니다. 자신은 아프리카 오지의 굶어 죽는 아이들을 위해서 10여 년간 일을 하다가 이제는 서울의 본부로 들어오게 되었고, 남편은 한국에 들어와서 장애인들을 위해서 헌신하게 되었다는 것이었습니다. 그리고 사역을 하면서 아직 자녀는 가지지 않았다고 하는 것이었습니다. 저는 그 자매님을 보면서, 긍휼의 마음이 어떠한 것인가를 다시금 생각해 보게 되었습니다. 10여 년 전에 그 자매님이 기아대책이라는 기구를 통해서 외국에 간다고 했을 때, 저는 '한국에도 가난한 사람들이 많은데.' 라는 생각을 해보기도 했습니다. 하지만 저와 그 자매분이 다른 점은, 그 자매는 아프리카의 굶어가는 영혼들을 위한 긍휼의 마음을 실천으로 옮겼고, 저는 한국에 있는 빈곤층을 위해서 특별히 실천한 일이 없다는 것입니다. 어쨌든, 그 17년 만에 만난 교회 선배였던 자매를 통해서, 오늘같이 삭막한 사회에서도 예수님의 긍휼을 품고 복된 삶을 살아가는 자들이 적지 않다는 것을 확인하게 되었습니다.

우리가 긍휼히 여김을 받았기에

마태복음 5장 7절에, 긍휼히 여기는 자는 복이 있다고 말씀하십니다. 예수님을 믿고 예수님의 제자가 된 우리 모두는 엄청난 긍휼을 이미 경험한 사람들입니다. 에베소서 2장에 보면, 하나님은 우리가 예수 믿기 이전의 상태를 다음과 같이 말씀하십니다.

"죄와 허물로 죽었던 우리."

예수님을 믿기 전에 우리는 모두 죄와 허물로 이미 죽었다고 말씀하고 계십니다. 죄와 허물로 죽을 수밖에 없었던 우리가 아니고 죄와 허물로 이미 죽었던 우리라고 되어 있습니다. 우리는 아무런 소망과 아무런 가망성이 없어서 마귀의 밑에서 살고 있었고, 본질상 진노의 자식들이었습니다. 그런데 같은 에베소서 2장에 보면 중요한 전환점이 나오는데, '그러나 하나님이'라고 되어 있습니다. 우리가 소망을 모르고 살길이 없었고 본질상 진노의 자식으로 살다가 영원한 지옥으로 떨어지는 것이 우리의 갈 길이었는데, '그러나 하나님이.. 그러나 하나님이' 풍성한 긍휼하심으로 우리를 살리셨다고 말씀하십니다.

우리가 하나님으로부터 이러한 긍휼을 받았습니다. 긍휼을 받을 만한 자격이 없었지만 하나님께서 예수그리스도를 통하여 긍휼을 베풀어주셔서, 죄와 허물로 죽었던 우리가 그리스도와 함께 살아나는 놀라운 복을 받았습니다. 우리가 이 놀라운 복, 하나님의 자비와 긍휼을 알고 있기에, 그리고 경험했기에, 예수님은 우리에게 말씀하십니다.

"긍휼이 여기는 자가 되며 긍휼을 베푸는 자들이 되라."

긍휼과 자비를 베푼다고 하는 것은 나보다 힘들고 비천한 상태에서 도움을 요구하는 자들을 도와주는 것을 말합니다. 하나님께서 우리를 비천한 상태에서 불쌍히 여기고 도와주셨듯이, 우리 또한 불쌍한 이웃을 비천한 자리에서 도와주는 것이 우리를 향한 하나님의 뜻이라는 것입니다.

긍휼의 심장을 가져야 하는 이유 1

우리가 긍휼히 여기는 마음을 가져야만 하나님의 율법을 이룰 수 있습니다. 남을 긍휼히 여기지 아니할 때에 우리는 하나님의 율법을 이룰 수 없습니다. 누가복음 10장에 나오는 선한 사마리아인의 비유를 보면, 한 사람이 길을 가다가 강도를 만납니다. 바로 그 길에 한 사람이 등장하는데, 바로 제사장입니다. 제사장은 예배를 인도하는 사람들, 오늘날의 목사였습니다. 그러나 이 제사장은 그 강도 만난 자를 버려두고 가버립니다. 두 번째 나타난 사람은 레위인이었습니다. 레위인은 오늘날의 평신도 지도자들입니다. 하지만, 이 레위인도 강도를 만나 죽어가는 이 사람을 보고 그냥 가버립니다.

이 비유에 나오는 제사장, 레위인 모두 산적을 만나서 모든 것을 빼앗기고 매 맞아 죽어가는 자를 외면하고 그냥 가버립니다. 그 때 한 사마리아인이 나타납니다. 사마리아인들은 순수한 혈통이 아니라고 해서, 유대인들에게 무시를 당하는 민족이었는데, 이 사마리아인은 길가에서 버림받은 사람을 직접 도와줍니다. 매 맞아 죽게 된 사람을 일으켜 세우고 간호하여 자기가 탔던 나귀에 태워서 여관으로 데려갑니다. 그리고 밥을 먹이고, 간호를 하고, 그 강도 만난 사람이 쓸 수 있도록 돈을 여관 주인에게 맡겨둡니다.

이 세 부류의 사람들을 예로 들으시면서, 예수님은 물으십니다.

"누가 저 사람에게 선한 이웃이었느냐?"

예수님의 이 질문은, 율법의 핵심이 사랑이며, 이웃을 긍휼히 여기는 마음이 없으면, 율법과 성경을 아무리 많이 알아도 하나님의 율법을 이룰 수 없다는 의도를 담고 있습니다. 갈라디아서 5장 14절에도 보면, '온 율법은 네 이웃 사랑하기를 네 몸과 같이 하라.'고 하신 한 말씀에서 이뤄진다고 말씀하십니다. 우리가 긍휼의 마음을 가질 때에 하나님의 율법을 이룰 수 있는 것입니다.

긍휼의 심장을 가져야 하는 이유 2

우리가 긍휼히 여기는 자가 되어야 하는 또 다른 이유는, 참된 예수님의 제자가 되기 위해서입니다. 예수님의 참된 제자가 되려면, 남을 긍휼히 여길 수 있어야만 합니다. 단지 제자훈련이라는 프로그램에 1년 동안 등록해서 성구 50절을 외우고, 성경을 일정한 횟수만큼 외운다고 해서 제자가 되는 것이 아닙니다. 저 유명한 오병이어의 사건을 보면 예수님을 따르는 수많은 무리들에 대한 두 가지의 다른 시각을 볼 수 있습니다. 그날 하루 종일 많은 무리들이 예수님을 따라와서 그분의 말씀을 경청합니다. 하루가 다 지나는데도 집에 갈 줄을 모릅니다. 해질녘이 되니까, 제자들은 이런 태도를 보입니다.

"주님 이 많은 사람들이 배가 고파하면 큰일이니 빨리 집에 보내야겠습니다."

제자들은 그 무리들을 짐덩어리로 보았던 것입니다. 그러나 예수님은 다른 관점에서 보셨습니다.

"이 많은 사람들이 배고프고 굶주렸는데 어떻게 그냥 보낼 수 있겠느냐. 너희들이 먹을 것을 주어라."

기독교계에 최고의 베스트셀러가 된 책들 중의 하나는 바로 『내려놓음』이라는 제목의 책입니다. 이 책의 저자인 이용규 선교사는 하버드대에서 박사학위를 받고, 한 선교단체를 통해서 몽고 선교사로 헌신하고 있습니다. 몽고의 영혼들을 긍휼히 여기는 마음으로 자신을 오병이어로 드린 것입니다. 수많은 몽고의 영혼들을 자신이 영적으로 다 먹일 수는 없지만, 자신이 가진 조그만 학식과 성경지식을 가지고 주님께 내어놓았을 때에, 그 스토리가 수많은 사람들에게 읽혀져서, 지금 수만 명의 기독교인들이 자신의 많은 것들을 내려놓겠다고 고백하는 것입니다. 예수님 당시의 오병이어를 통해서 5천 여 명이 먹었다면, 이용규 선교사가 몽고인들을 긍휼히 여기면서 내어 놓은 자신의 삶이라는 오병이어를 통해서, 수 만 명의 사람들의 마음이 주께로 더 가까워지게 된 것입니다. 이 선교사가 그냥 한국에 들어와서 자신의 하버드 박사학위를 가지고 교수생활을 했다면, 자신의 가족과 자신의 제자들을 먹일 수 있었겠지만, 선교지의 주님을 모르는 자들을 위해서 자신의 삶을 드렸을 때에, 더 많은 영혼들이 배부르게 된 것입니다. 긍휼의 마음이 더 많은 이를 먹게 한 것입니다.

제자가 무엇입니까? 스승을 따르고 스승을 닮은 자가 제자인데, 예수님의 제자들은 오병이어 사건에서 제자임을 자처하면서도 주님의 가슴을 가지지 못한 것입니다. 그들이 주님의 참된 제자였다면, 주님께서 그 무리들을 긍휼히 여기고 민망히 여기셨듯이, 그들도 그 무리들을 긍휼과 민망히 여기는 마음을 가지고 대했어야 했습니다. 예수님은 마태복음 9장 13절과 12장 7절에 말씀하십니다.

"너희는 가서 내가 긍휼을 원하고 제사를 원치 아니하노라 하신 뜻이 무엇인지 배우라."

우리는 배워야 합니다, 하나님께서는 긍휼히 여기는 자를 찾으신다는 사실을.

긍휼의 심장을 가져야 하는 이유 3

남을 긍휼히 여겨야 하는 또 다른 이유는, 하나님을 제대로 섬기기 위해서입니다. 남을 긍휼히 여기지 않으면 하나님을 제대로 섬길 수가 없습니다. 눈에 안 보이는 하나님을 어떻게 섬기며 어떻게 수종들 수 있습니까? 눈에 보이지 않는 하나님을 섬기고 수종들 수 있는 길을, 마태복음 25장 31절에 이렇게 말씀하십니다. 마지막 때가 되면, 예수님이 심판자로 오실텐데 그 앞에 모든 무리가 모일 것이라고 하십니다. 모인 무리 중에 구원받을 자들을 모아 양들로 삼습니다. 그리고 그 양들에게 이렇게 말씀하십니다.

"얘들아, 내가 배고팠을 때에 너희가 먹을 것을 주었고, 내가 갈증으로 힘들 때에 마실 것을 주었고, 내가 아팠을 때에 나를 찾아와서 간호해 주었고, 내가 감옥에 들어가서 외로웠을 때에 나에게 찾아와 주었으니, 하나님의 나라에 들어와서 하나님의 풍성함을 누려라."

그 때에 양들이 놀라서 이렇게 여쭈어 봅니다.

"주님, 우리가 언제 주님이 배가 고프신 것을 보고 먹을 것을 드렸고, 언제 주님께 옷을 드렸고, 언제 주님의 벗이 되어 드렸습니까?"

그때에 주님이 말씀하십니다.

"여기에 있는 지극히 작은 자에게 한 것이 곧 나에게 한 것이니라."

주님의 모습을 본받아서 약한 자들을 세워주는 자세, 이것이 주님이 참으로 기뻐하는 모습이고, 마지막 때에 주님께 한 것이라고 말씀하십니다. 요한복음 3장 16, 17절에 이런 말씀이 나옵니다.

"그가 우리를 위하여 목숨을 버리셨으니 우리가 이로써 사랑을 알고 우리도 형제들을 위하여 목숨을 버리는 것이 마땅하니라. 누가 이 세상 재물을 가지고 형제의 궁핍함을 보고도 도와줄 마음을 막으면 하나님의 사랑이 어찌 그 속에 거할까보냐."

긍휼의 심장 VS 무정한 심장

우리가 격려의 교육을 통해서 우리의 자녀와 학생들에게 회복해야 할 심장의 네 번째 성향은, 바로 긍휼히 여길 자를 보고, 긍휼히 여기는 마음의 성향인 것입니다. 같은 대상을 보아도, 어떤 사람의 마음은 무정합니다. 하지만, 어떤 사람의 마음은 긍휼의 마음이 있습니다. 이러한 긍휼의 마음이 있어야, 다른 사람의 아픔과 필요에 민감해야, 우리는 다른 사람을 격려할 수 있고, 그것은 결국 우리 심장의 체조(exercise)가 되기 때문에, 우리가 더 건강한 심장을 가지는 데 도움이 되고, 우리는 이로 인해서 더 행복한 자로 살아가게 되는 것입니다.

격려의 교육을 통해서 회복되는 성향 6: 깨끗한 마음의 성향(마 5: 8)

마음이 청결한 자의 복: 하나님을 본다는 것

마태복음 5장 8절은 이렇게 기록합니다 :

"마음이 청결한 자는 복이 있나니 저희가 하나님을 볼 것임이요."

과연 하나님을 본다는 것은 과연 어떤 것입니까? 하나님을 본다는 것은 참으로 두렵고도 떨리는 일입니다. 왜냐하면, 출애굽기 33장 20절에 보면 하나님의 얼굴을 보고 살 자가 없다고 했기 때문입니다. 출애굽기 33장에 보면 이런 내용이 나옵니다. 모세가 하나님께 간청을 하면서 말합니다.

"하나님, 나와 내 백성이 하나님께 은총을 입게 하시고 반드시 동행하시겠다는 약속을 해주세요. 그리고 주님의 영광의 광채를 보여주세요."

그러자 하나님께서 모세에게 이렇게 말씀하십니다. 현대인의 성경에 보면, 하나님께서 이렇게 대답하십니다.

"내가 나의 선한 모든 것이 네 앞으로 지나가게 하고 나 여호와의 이름을 네 앞에 선포하겠다. 나는 은혜 베풀 자에게 은혜를 베풀고 불쌍히 여길 자를 불쌍히 여길 것이다. 그러나 너는 내 얼굴을 보지 못 할 것이다. 이것은 나를 보고 살아남을 자가 없기 때문이다. 그러니 너는 내 경에 있는 이 바위 위에 서 있어라. 내 영광의 광채가 지나갈 때에 내가 너를 바위틈에 넣어 내가 다 지나갈 때까지 내 손으로 너를 덮었다가 그 후에 손을 거두겠다. 네가 내 등만 보고 얼굴은 보지 못할 것이다."

하나님의 얼굴을 보고 살아남을 자가 없다고 하나님께서 직접 말씀하십니다. 그리고, 요한복음 1장 18절에도 하나님을 본 사람이 없다고 되어 있습니다.

그런데 이상한 게 있습니다. 마태복음 5장 8절에는, 하나님을 보는 것이 복이라고 했는데, 성경의 다른 곳을 보니까 하나님을 보는 것은 복이 아닌 것처럼 보입니다. 하나님을 본 사람이 아직 없고, 하나님을 보는 사람은 죽게 된다면, 결국 하나님을 보는 것은 우리에게 복이 아니고 죽음입니다. 하나님이 말씀하시길, 하나님을 보는 자는 죽는다고 했고, 요한복음에는 하나님을 본 사람이 없다고 했습니다. 그런데, 마태복음 5장 8절에는, 하나님을 보게 되는 것이 복이라고 합니다. 도대체 어떻게 된 걸까요? 성경이 모순이라는 말입니까? 한 군데에서는, 하나님을 보는 것이 복된 것이라고 말씀하시고, 또 다른 곳에서는, 하나님을 보게 되면 죽는다고 말씀하고 계시고, 도대체 뭐가 맞는 것입니까? 둘 다 맞습니다. 거룩하지 못한 인간은 거룩한 하나님을 육안으로 볼 수 없습니다. 하지만, 또 다른 한편으로는 하나님의 임재를 우리는 경험할 수 있습니다. 그러니까, 거룩하지 못한 우리는 거룩한 하나님을 볼 수 없다는 말씀도 맞지만, 우리가 하나님의 임재를 경험한다는 면에서는 그분을 볼 수 있는 것입니다. 우리의 눈으로는 그분을 볼 수 없지만, 우리의 심령으로 그분을 만날 수 있는 것입니다.

마태복음 5장 8절에서 하나님을 보게 되는 것이 복이라고 했는데, 여기서 하나님을 본다는 것은, 하나님의 구원과 임재를 경험한다는 뜻입니다. 하나님을 본다는 것은 단지 그분의 눈과 귀와 코가 어떻게 생겼는가를 살펴보고, 그분의 옷차림을 본다는 뜻이 아닙니다. 하나님을 본다는 것은 그분의 임재와 구원을 경험하게 된다는 뜻입니다. 우리가 어떤 어려운 일이 있을 때에, 높은 사람을 한번 만나달라고 하면, 그 사람이 만나주어서 일이 잘 해결될 수도 있습니다. 자신의 힘으로 해결되지 않는 일들이 높은 사람을 만나서 부탁을 하면 해결되는 경우가 있습니다. 우리가 어려운 일로 높은 사람을 만나는 것은, 그 사람의 눈과 귀가 어떻게 생겼고, 그 사람의 옷차림이 어떤가를 살펴보기 위해서가 아니라, 그 사람에게 도움을 청하기 위해서입니다. 마찬가지로, 우리가 하나님을 본다는 것은 그분이 우리 삶의 약한 부분을 강하게 하시고 다스려주셔서 우리의 삶에 그분의 구원과 임재가 임한다는 뜻입니다.

또한, 하나님을 본다는 것은 하나님을 만난다는 뜻입니다. 하나님을 만나지 않고는 하나님을 볼 수가 없습니다. 그래서 하나님을 본다는 것은 하나님을 만난다는 뜻입니다. 우리가 누군가에게 전화를 해서 우리 언제 얼굴 한 번 보자고 했을 때, 그 상대방이 '그래 내 얼굴 사진을 휴대폰으로 전송 해줄게.'라고 하진 않습니다. '그래 내 얼굴 사진 이메일로 보내 줄게.'라고 하진 않습니다. 얼굴 한번 보자고 하는 것은, 누구나 다 한번 만나자는 얘기로 듣게 됩니다. 그래서, 하나님을 본다는 것은 그분을 만난다는 뜻을 담고 있습니다. 이렇게 하나님을 본다는 것은, 우리의 삶에 하나님이 개입하시고 만나주셔서, 우리의 삶에 하나님의 구원이 임한다는 뜻을 담고 있습니다. 그래서, 하나님을 뵌다는 것은 참으로 영광스럽고도 복된 일인 것입니다.

심장/마음이 청결해지는 비결 1 – 성경 말씀으로

이렇게 하나님의 임재와 구원을 경험하고, 하나님을 만나고, 하나님을 보는 것이 큰 복인데, 이러한 복은 누구에게 주어진다고 말씀하고 계십니까? 이러한 복은 마음이 청결한 자에게 주어진다고 말씀하고 계십니다. 우리의 마음이 청결한 자가 되면, 우리는 하나님을 보고, 그분을 만나고, 그분의 도우심을 경험하는 삶을 살 수가 있다는 것입니다. 우리가 마음이 청결한 자가 되려면 어떻게 해야 합니까? 우리의 마음은 말씀으로 청결해지게 됩니다. 마음이 청결한 자가 되려면, 우선 말씀을 사모하고 말씀을 읽는 자가 되어야 합니다. 예수님도 요한복음 15장 3절에서, '너희는 내가 이미 일러준 말로 이미 깨끗하였으니.'라고 하십니다. 그러니까, 말씀으로 우리는 마음이 청결한 자가 됩니다.

마음의 더러움

우리 마음을 깨끗하게 하는 일은 마음은 화장실 청소만큼이나 어렵습니다. 필자는 가끔 화장실 청소를 하는데, 군대에 있었을 때만큼은 자주 하진 않습니다. 군대에 있었을 때, 화장실 청소 담당인 적이 있었는데, 아무리 윤이 나게 닦아도 다 닦여지지가 않습니다. 청결해 지지가 않습니다. 그런데, 치약이나 엄청나게 강한 세제를 뿌려대면서 닦으면, 오래된 때도 다 많이 벗겨지게 됩니다. 그런데, 그 화장실이 현대식이니까, 청소를 하면 깨끗하게 되는 것이지, 화장실이 재래식이면, 아무리 닦아도 별로 효과가 없을 것입니다. 왜냐하면, 변이 그대로 있고, 소변자국이 벽에 그대로 있고, 오물이 오랫동안 스며들어서, 어떻게 할 도리가 없는 것입니다. 어떤 병사는 그 현대식 변기만 집에서 쓰다가, 재래식 변기에 적응을 못해서, 여러 날 동안 변을 보지 못해서, 힘들어 하기도 했습니다. 이처럼 재래식 화장실은 청소를 할 만한 의욕을 주지도 못하고, 청소를 해 보아야 별반 효과도 없습니다.

그런데 ,우리의 마음이 바로 이 재래식 화장실 같다고 성경은 말씀하고 있습니다. 성경은 우리의 마음이 현대식 화장실이 아닌, 재래식 화장실보다도 더럽고 냄새나고 청소할만한 의욕도 불러일으키기 어려운 것이라고 말씀하고 계십니다.

예레미야 17장 19절에 보면 이렇게 되어 있습니다.

"만물보다 거짓되고 심히 부패한 것은 마음이라 누가 능히 이를 알리요마는."

받아들이기 어려워도 받아 들여야 하는 것입니다. 우리의 마음이야 말로, 이 파리와 벌레가 있고, 오물이 가득하고, 청소할 의욕도 나기 어려울 만큼 더럽고 썩은 것이라는 것을 인정해야만 합니다.

저는, 예레미야 17장 19절의 이 말씀을 보기 전에는, 필자의 마음은 큰 백지에 단지 몇 개의 검은 점이 있는 마음이라고 착각했습니다. 예레미야 17장 19절을 보기 전에는, 저의 마음이 천사는 천사로되 단지 그 입은 옷이 약간 더러워져서 가끔 세탁을 해야만 하는 것이라고 생각했습니다. 아니, 많이 양보해서 필자의 마음이 화장실이라면, 초현대식 건물에 가장 비싼 비데 시설이 달려 있고, 향기가 가득한 그런 화장실이라고 믿고 싶습니다. 하지만, 예레미야서 17장 9절에 보니까 필자의 마음이 만물보다 부패한 것이라고 하고 있습니다. 세상에서 가장 썩고 냄새 나고 더러운 것이라고 말씀하고 있습니다. 바로 수십 마리의 파리와 벌레가 있고, 퀴퀴한 냄새가 나고, 오물의 냄새가 배인 그런 재래식 화장실과도 같은 것이 바로 나의 마음이라고 말씀하고 있습니다.

우리의 마음이 얼마나 부패하고 썩은 것인지를 표현하는 또 다른 표현은 바로 무덤입니다. 예수님께서는 예수님을 믿는다고 하면서도 마음이 썩은 사람들에게 무덤이라고 하셨습니다. 마태복음 23장 17절에, 마음이 썩은 사람들은, 그 속에 죽은 사람의 뼈와 모든 더러운 것이 가득하다고 말씀하십니다. 저는 시체가 썩은 것을 직접 본 적도 없고 그 냄새를 맡아본 적도 없지만 유사한 경험을 해본 적이 있습니다. 2달 전에 장모님 댁에 다녀왔는데, 저에게 김치와 생선을 주셨는데, 그것을 트렁크에 그냥 두고서 깜빡 잊었습니다. 1주일이 지나서 차의 트렁크를 열어보니, 그곳에 각종 벌레와 썩는 냄새가 진동을 하고 있었습니다. 그런데, 이것이 바로 사람의 마음과 같다고 에레미야 17장 9절에 말씀하고 계십니다.

마음이 청결한 자가 복이 있고, 하나님의 구원과 임재를 경험하게 된다고 했는데, 에레미야서의 말씀대로라면 우리에게는 아무런 소망이 없어 보입니다. 더러운 재래식 화장실과도 같고, 썩고 더러운 것이 가득한 우리의 마음을 도저히 청소할 만한 그런 의욕이 생겨나질 않습니다. 이토록 더러운 우리의 마음을 청소하지 않으면, 그 냄새와 그 부패는 날이 갈수록 심해질 것입니다. 그런데, 우리에게 소망이 있으니, 말씀을 읽는 것입니다. 말씀이라는 물줄기를 우리의 마음속에 콸콸 틀어 놓고 있으면, 우리의 마음이 점점 청결하게 됩니다. 군데군데 싸여서 우리의 마음을 썩게 했던 오래된 때들이 씻겨나가게 됩니다. 시간을 정해놓고, 계속 청소를 깨끗하게 해주어야 합니다.

하지만, 아직도 자신의 마음상태가, 더럽고 냄새나는 화장실과도 같고 무덤과도 같다는 사실을 받아들이기 힘들어하는 사람들이 있습니다. "내가 그래도 교회 오래 다녔는데. 그래도 내가 직분을 받았는데. 그래도 내가 예배에 나오는데. 그래도 내가 인격자인데. 그래도 내가 배울 만큼 배웠는데. 그래도 내가 마음관리를 잘하려고 애쓰고 노력하는 사람인데." 등등의 생각을 할 수도 있습니다. 하지만, 다른 세제는 필요가 없습니다. 메니큐어를 지우는 약을 써야 메니큐어가 지워지듯이, 우리 마음의 더럽고 악취 나는 것을 씻기 위해서는 말씀이라는 물과 세제를 써야 합니다. 우리가 말씀을 지속적으로 읽을 때에, 우리의 마음이 청결해지게 됩니다.

심장/마음이 청결해지는 비결 2 – 바라봄

우리가 이 땅에 살면서 하나님의 말씀으로, 우리의 썩고 더러운 마음을 청결하게 해야 하는데, 말씀만으로 우리의 마음이 청결해지는 데에는 한계가 있습니다. 우리가 화장실 청소를 아무리 깨끗하게 해도 그곳에는 아직도 지워져야 할 오점과, 그 곳에는 아직도 제거되어야 할 냄새와, 털어내야 할 먼지가 있습니다. 그래서, 우리의 노력으로는, 우리의 마음을 온전히 깨끗하게 할 수가 없습니다. 그래서, 우리는 하나님을 직접 볼 수 없는 자들이었습니다. 그러나, 우리가 하나님을 보게 되는 영광에 들어가게 하기 위해서, 큰일을 이루신 분이 계시니 바로 우리 주 예수 그리스도이십니다.

우리가 말씀을 통해서 우리의 심령을 날마다 청소해도 그 재래식 화장실과도 같은 우리의 마음은 재래식 화장실 그대로 남아 있습니다. 하지만, 예수님은 재래식 화장실 같이 더러운 우리의 마음을 청소해주셨습니다. 그리고, 그것은 현대식의 향긋한 화장실로 만들어주셨습니다. 아니, 우리를 향기 나는 화장실 정도가 아니라, 향기 그 자체라고 불러주셨습니다. 우리의 힘과 노력으로는 도저히, 우리의 마음을 깨끗하게 할 수 없는 자들이었는데, 우리의 마음이 깨끗한 것이라고 불러주셨습니다. 그래서 장차 하나님을 볼 수 있는 영광에 들어가는 길을 예비해 놓으셨습니다.

예수님께서, 우리의 마음속에 가득한 죄악 된 것들과 더러운 것들을 어떻게 청결케 해주셨습니까? 우리를 위해서 십자가에서 죽으심으로 그것을 깨끗하게 하셨습니다. 그분은 죄의 때가 없는 분이셨지만, 만물보다 부패한 우리의 마음을 그 보혈의 피로 다 씻어주셨습니다. 우리의 심장에는 더러운 것이 가득했지만, 그것을 씻어주시기 위해서 그분의 심장은 터졌던 것입니다. 왜입니까? 우리가 하나님을 만나 뵈길 원하셨기 때문입니다. 왜 예수님은 우리의 더러운 마음을 청결한 것으로 만들어주셨습니까? 우리가 하나님을 직접 보게 되는 영광에 들어가기를 그렇게도 원하셨기 때문입니다. 왜 예수님은 우리의 청결케 될 수 없는 마음에 유일한 세제를 주셨습니까? 우리가 하나님을 보게 되는 그 복을 누리기를 너무나도 원하셨기 때문입니다. 왜 예수님은 우리의 악취 나는 마음을, 그리스도의 향기로 만들어주셨습니까? 우리가 마음이 청결한 자가 되어서 하나님을 만나기를 원하셨기 때문입니다.

깨끗하게 된 심장 VS 씻어야 할 심장

결국, 우리의 심장/마음은 더러우니까 매일 씻어야 하는 것일까요? 아니면, 우리의 심장/마음을 깨끗하게 하셨으니까 더 이상 씻지 않아도 되는 것일까요? 답은 간단합니다. 주님은 우리의 부패한 심장을 고치시는 일을 이미 시작하셨고, 우리는 이미 깨끗함을 받고 있습니다. 하지만, 우리의 심장의 썩은 모습은 아직 완전히 그 원형을 회복하지 못하고 있습니다. 현재진행형으로, 우리의 심장은 점점 깨끗해지고 있습니다. 우리 안에는 두 마음이 싸우고 있는 것입니다. 사도 바울이 고백한 대로입니다.[5]

청결함을 소원하는 성령님의 성향과, 더러운 것을 좋아하는 육신의 성향이 우리 안에 다 있습니다. 우리가, 이 땅에 살면서 우리의 심장이 항상 100% 청결하게 되지는 않을 것입니다. 하지만, 우리는 순간적으로 우리의 심장이 청결케 되는 것을 느낄 수 있습니다. 그것은 우리가, 우리의 영적인 심장을 청결케 하는 세정제와도 같은, 하나님의 말씀을 읽을 때 입니다. 우리의 목표는 우리의 심장을 100% 깨끗하게 하는 것이 아니라, 우리의 더러운 심장을 깨끗하다고 보아주시고, 우리에게 향기 난다고 말씀하신 예수님께 감사하면서, 우리의 심장을 더 깨끗하게 하도록 해야 하겠습니다. 그것을 하는 데 있어서, 율법적인 의무감에서 하는 것이 아니라, 청결한 심장을 갈구하고, 그것을 청소하는 것을 즐거워하면서, 하는 것을 주님은 바라고 계실 것입니다.

격려의 교육을 통해서 우리가 우리의 자녀와 학생들로 하여금,

---

5 로마서 7:21-23: 선을 행하는 나에게 악이 함께 있는 것이로다. 내 속 사람으로는 하나님의 법을 즐거워하되 내 지체 속에서 한 다른 법이 내 마음의 법과 싸워 내 지체 속에 있는 죄의 법 아래로 나를 사로잡아 오는 것을 보도다.

마음이 청결한 자로 회복되도록 도와 줄 수 있습니다. 이들의 마음이 청결한 자가 되면, 하나님의 임재를 느끼면서 살아갈 것이고, 천국을 이 땅에서 누리면서 행복한 인생을 살아가게 될 것입니다.

격려의 교육을 통해서 회복되는 성향 7: 화평을 도모하려는 성향(마 5:9)

(마태복음 5:9) 화평케 하는 자는 복이 있나니, 저희가 하나님의 아들이라 일컬음을 받을 것임이요

아들 = 닮은자

유명한 연예인 닮았다는 말을 들으면, 어떤 기분이 듭니까? 그건, 어떤 연예인 닮았다고 하느냐에 따라서 다를 것입니다. 남자의 경우에는 멋있는 연예인을 닮았다고 하면, 상당히 기분이 좋을 것입니다. 또한, 여자의 경우에는, 미모가 뛰어난 연예인을 닮았다고 하면 매우 기분이 좋을 것입니다. 우리가 멋있는 연예인을 닮았다는 말을 들어도 기분이 좋은데, 우리가 하나님을 닮았다는 말이나 예수님을 닮았다는 말을 들으면, 더 기분이 좋습니다. 물론, 그것이 입에 발린 말인지 진심으로 하는 말인지에 따라서, 듣는 사람의 기분도 다를 것입니다.

마태복음 5장 9절에 보니까 예수님을 닮은 사람들, 그리고 하나님을 닮은 사람들이 있다고 합니다. 유명한 연예인을 닮았다는 말을 들어도, 기분이 좋아지는데, '형제님을 보니 정말 예수님 같네요. 자매님

을 보니 정말 예수님 같네요.'라는 말을 들으면, 정말로 기분이 좋고, 자신이 성공적인 삶을 살았고, 승리하는 신앙인의 삶을 살고 있다는 생각이 들 것입니다. 하나님을 닮고, 예수님을 닮은 사람이라는 표현이 바로, 마태복음 5장 9절에는 '하나님의 아들'이라고 되어 있습니다. 그러니까, 하나님의 아들이라 일컬음을 받을 것임이요라는 말의 뜻은, 하나님 닮고 예수님 닮은 사람으로 인정받고 살게 된다는 말입니다. '하나님의 아들'은 하나님 닮은 사람입니다.

교회 어린이 집에서 한 집사님이, 제 아들을 보면서, 이 아이의 아빠는 어떻게 생겼는지 궁금하다고 하면서, 어린이 집에서 다른 분들과 대화를 나누고 있었다고 합니다. 그런데, 그분의 말이 떨어지기가 무섭게, 그 아이랑 똑같이 생긴 사람이 문을 확 열고 들어오더라는 겁니다. 그 집사님은 정말 깜짝 놀랐다고 합니다. 너무나도 아빠와 아이가 똑같이 생겨서. 바로 필자였습니다.

마찬가지입니다. 하나님의 아들이라 일컬음을 받는다는 말은, 하나님 닮은 사람으로, 예수님 같은 사람으로 인정받게 된다는 말입니다. 아들이라는 말은 닮았다는 말입니다. 물론, 하나님의 자녀라는 말은, 교리적으로는, 우리가 예수님을 우리의 주로 영접하고, 그 이름을 믿는 모든 자들에게 주어지는 특권이기도 합니다. 요한복음 1장 12절에도 '영접하는 자 곧 그 이름을 믿는 자들에게는 하나님의 자녀가 되는 권세를 주셨으니.'라고 되어 있습니다. 하나님을 믿는 모든 사람들이 그분의 자녀입니다. 이건 교리적인 면에서 그렇습니다. 하지만, 오늘의 본문에서 말하는 '하나님의 아들'은 하나님 닮은 사람을 말합니다. 하나님을 닮은 사람이 하나님의 아들인 것입니다.

사람들이 다가와서 이런 말을 하면 어떻습니까? '형제님의 성품은 꼭 예수님 같아요.', '자매님의 인격은 꼭 예수님 같아요.'라고 하면 기분이 좋습니까? 그것을 찬사로 받아들입니까? 그러한 말을 들을 때 마음이 기쁘고, 몸 둘 바를 모르겠습니까? '자매님, 형제님을 뵐 때마다 예수님 같습니다.'라는 말을 더욱 더 큰 칭찬의 말로 들으십니까? 아니면, 유명 연예인 같다는 말을 듣는 것을 더욱 더 큰 칭찬으로 들으십니까? 예수님 같고, 하나님을 닮은 것 같다는 말을 가장 큰 칭찬으로, 가장 좋은 찬사로 듣는 사람이 되어야 합니다. 왜냐하면, 예수님 같고 하나님 닮았다는 말을 듣는 것이 복이라고 말씀하고 계시기 때문입니다. 잘생기고 멋있는 사람 닮았다는 말이 복이 아니라, 예수님 닮았다는 말을 듣고 사는 것이 바로 복이라는 것입니다.

하나님 닮은 자로 인정해주는 주체

하나님 닮은 사람이라는 말을 사람에게서 듣는 것도 큰 복이지만, 하나님 닮고 예수님 닮은 사람이라는 말을 하나님에게서 직접 듣는 사람은 정말로 복된 사람입니다. 왜냐하면, 사람들은 그 외모를 주로 보지만, 하나님은 그 중심을 보시기 때문입니다. 즉, 심장을 보신다는 것입니다.

사람들에게 예수님 닮고 하나님 닮았다는 말을 듣는 것은 쉽지만, 하나님에게서 직접 '너는 나를 닮았구나, 너는 예수 닮았구나.'라는 말을 듣는 것은 쉽지 않기 때문입니다. 사람의 분별력은 하나님의 분별력보다 약하기 때문입니다. 일반인의 판단력으로는 쥐와 토끼도 제대로 알아내지 못합니다. 하지만, 수의사는 쥐와 토끼를 분별해 냅니다.

제가 아는 한 여자 청년이 지하철역에서 토끼를 샀습니다. 그리고, 한 형제님과 대화를 나누다가, 자신이 토끼라고 생각하고 산 동물이 쥐 일 수도 있다는 말을 듣게 됩니다. '아니, 그건 토끼가 맞아요. 두 귀가 길던걸요?'라고 하자 다른 형제님이 말합니다. '쥐도 그런 쥐가 있어요. 그건 아마도 쥐 일거예요.' 그러면서, 그 형제님이, 그 동물이 쥐일 수도 있다는 말을 설득력 있게 하자, 그 말을 중간에서 듣던 저도 헷갈리기 시작했습니다. 그럼 그 쥐를 토끼라고 속여서 팔았나?라는 생각도 들었습니다. 아니야, 분명히 귀가 길잖아. 몸이 회색이나 검정도 아니고 분명히 흰색이었는데... 저는 헷갈리기 시작했습니다. 하지만, 그 토끼를, 아니 토끼 같은 쥐, 아니 쥐 같은 토끼를, 그 동물을 수의사에게 데리고 가면, 분명히 말해줄 것입니다. 토끼인지 쥐인지.

마찬가지로, 우리 사람들은 누가 예수님 닮은 사람이며 누가 하나님 닮은 사람인지 분별이 안 갈 때가 있지만, 하나님은 아십니다. 그래서, 하나님이 직접, 너는 나 닮은 사람이다라고 인정을 하시면, 그것은 정말로 큰 칭찬이며 큰 찬사인 것입니다. 너무나도 좋아서 펄쩍 펄쩍 뛰어야 할 것입니다. 우리가 사람에게서 연예인 닮았다고 해도 기분이 좋아서, 잠시 화장실에 가서 자신의 얼굴을 뜯어보게 됩니다. 우리가 다른 사람에게서 예수님 같은 분이시군요라는 말을 들으면, 우리는 너무나도 큰 칭찬과 찬사로 받아들이게 됩니다. 그런데, 만왕의 왕, 만유의 주이신, 하나님이 우리를 '하나님 닮은 자'라고, '예수님 닮은 자'라고, '내 아들'이라고 불러주시면 그것이야 말로 가장 큰 복중의 복이며, 가장 큰 찬사중의 찬사인 것입니다.

하나님 닮은 아들 – 예수 & 우리

너는 내 아들이라는 말을 직접 들으신 분이 있으니 바로 예수님이십니다. 예수님이 세례를 받으시자, 성령이 비둘기 같이 임하시고 하늘에서 이런 소리가 들립니다. '이는 내 사랑하는 아들이요, 내 기뻐하는 자라.'

하나님이 우리를 하나님의 아들이라고, 하나님 닮은 사람이라고 불러주시면, 어떤 일들이 일어납니까? 우리가 하나님의 아들이 됩니다. 하나님은 말씀으로 천지를 지으시고, 말씀으로 모든 일을 행하시는 분이며, 그분의 말씀은 일점일획도 땅에 떨어지지 않고 다 이뤄지게 됩니다. 그분이 빛이 있으라 하면 빛이 있고, 모든 물아 한곳으로 모여라 하시면, 모든 물이 한곳으로 모였습니다. 그분이 너는 내 아들이며, 너는 나 닮은 자라고 말씀 하시면, 그대로 됩니다. 우리가 문자 그대로, 글자 그대로 그분 닮은 자, 예수님 닮은 자가 되는 것입니다. 그렇게 되고야마는 것입니다.

지금까지 살펴보았듯이, 하나님의 아들이라고 일컬음을 받는다는 것. 이것은 우리가 이 땅에서 들을 수 있는 칭찬 중에서 가장 큰 칭찬이고, 가장 큰 찬사입니다. 우리가 잘생겼다, 공부 잘한다, 미인이다, 음식을 잘 만든다, 등의 칭찬들 하고는 차원이 다른 칭찬이자 가장 큰 복인 것입니다. 또한, 이러한 말을 사람에게서 듣는 것도 복되지만, 하나님에게서 듣는 것은 더욱 더 큰 복이 되는 것입니다. 이것은 돈을 주고 살 수 없는 큰 복이자 큰 칭찬이며, 어떠한 훈장보다도 명예로운 것입니다.

화평케 하는 인간의 한계

그런데, 이 큰 복이 누구에게 임합니까? 이러한 이름이 누구에게 주어집니까? 누가 하나님 닮았다는 말과 하나님의 아들이라는 말을 듣게 됩니까? 마태복음 5장 9절에 보니까, '화평케 하는 자'가 이러한 복을 받게 된다고 말씀하고 계십니다. '화평케 하는 자는 복이 있나니 저희가 하나님의 아들이라 일컬음을 받을 것임이요.'라고 되어 있습니다. 우리가 이러한 큰 칭찬과 복을 받으려면, 화평케 하는 자가 되어야 한다고 말씀합니다.

화평케 한다는 것은 무엇입니까? 화해시킨다는 것입니다. 평화가 없는 곳에 평화를 심는다는 말입니다. 원수가 된 사이에서 중재자의 역할을 한다는 것입니다. 필자가 아내와 싸우는 일이 거의 없지만, 예전에 한번 다투었을 때에, 제 아들이 저한테 와서 그럽니다, '아빠 싸우지 마세요.' 그러면서, 씨익 하고 웃습니다. 그리고는 엄마를 토닥입니다. 바로 이런 모습이 화평케 하는 것입니다.

사랑과 전쟁이라는 방송 프로를 보면, 불화관계에 있는 부부들이 나옵니다. 거기에 나오는 가정법원의 사람들은 어떻게 해서든지 두 부부를 이혼하지 않고, 쌓인 감정과 앙금을 풀고 잘 살게 해보려고 여러 가지 처방을 합니다. 때로는 대화를, 때로는 상담을, 때로는 치료를 권합니다. 화평케 하려고 애씁니다. 지금, 이 땅 대한민국에도 여러 가지 불화의 요인들이 많이 있습니다. 북한에서 핵실험을 하고 나자, 여기에 공격적으로 대응하려는 노력도 있지만, 화평케 하려는 노력도 많이 있습니다. 우리나라에서도 평화봉사단이라는 것이 있어서, 해외 여러 나라의 평화를 위해 애쓰고 있습니다. 인간은 때로는 평화라는 대의명분을 가지고, 전쟁을 일으키기도 합니다.

우리 인간은 화평케 하려는 노력을 여러모로 합니다. 하지만, 우리가 이 땅에서 이룩하려고 하는 화평에는 한계가 있습니다. 우리는 사람들 사이에서의 화평만을 이룰 수 있다는 것입니다. 우리의 한계는 바로, 사람과 하나님 사이의 화평을 이룰 수 없는 자들이라는 것입니다. 아니 원수 된 사람들을 서로 화해하도록 하는 일도 때로는 불가능에 가까운 경우가 많습니다. 설사, 모든 사람들을 서로 화해시킬 수 있는 힘을 가진 사람이 있다고 해도, 그가 이룰 수 없는 것이 있으니, 바로 하나님과 사람을 화해시키고, 화평케 하는 일입니다. 하나님과 사람을 화해시키는 일.

그런데, 이 일을 이루신 분이 계시니 바로, 우리 주 예수님이십니다. 우리나라 사람으로서 유엔의 사무총장에 오른 반기문 장관은 능력이 많은 분이라고 합니다. 영어도 잘하고 대인관계도 좋고 달변이고 부지런하고 성실하다고 합니다. 하지만, 그분이 하나님과 사람을 화해시킬 수 없습니다. 예수님 이외에는 하나님과 사람 사이의 틀어진 관계를 되돌려 놓을 분이 없었습니다. 하지만, 예수님은 하나님과 사람 사이를 화해시키는 화목제물로 자신을 드리신 것입니다. 하나님을 불순종하고 에덴동산에서 쫓겨난 우리 사람들이었습니다. 그래서, 그 불순종의 원죄로 인해서 우리는 하나님과 화목한 관계에 있을 수 없는 자들이었습니다. 하지만, 우리가 행한 모든 불순종의 죄악을 십자가에서 모두 담당하신 것입니다. 하나님의 우리의 죄에 대한 진노를 모두 십자가에서 받으시고, 우리가 치러야 할 모든 죄의 대가를 지불하시고, 우리와 하나님 사이의 화평케 하는 자가 되어 주셨습니다. 하나님과 우리를 화해시키는 제물이 되어 주셨습니다.

화평케 하는 심장의 모범 – 예수님(희생과 성령으로)

예수님께서, 우리 인간과 하나님 사이를 가깝게 하시기 위해서 치르신 대가는, 유능한 외교관의 혀가 아니었습니다. 유능한 외교관들은 다른 나라들을 화해시키기 위해서, 비행기를 타고 날아갑니다. 그리고, 그곳에 가서 적대관계에 있는 두 나라의 대표를 만납니다. 그리고, 그가 화평케 하기 위해서 꺼내 드는 것은 바로 편지와 혀입니다. 말을 통해서 화해시키려고 합니다. 하지만, 우리 주 예수그리스도의 화평케 하는 방법은 자신의 희생을 통한 것이었습니다. 말과 혀가 아닌 행함과 진실함으로 하셨습니다. 핑크 빛 혀가 아닌 시뻘건 피였습니다. 세치 혀가 아닌, 온몸으로 보여주신 화평을 위한 희생과 피 흘림이었습니다. 노벨 평화상을 수상함으로써 '화평케 하는 자'라는 증서를 받는 분들도 있지만, 우리 예수님은 노벨 평화상 보다도 1,000배나 값진, 하나님과 사람 사이의 화평을 위해서, 자신의 살과 피를 쏟아주신 참 하나님의 아들이 되셨습니다. 사람과 사람 사이를 화평케 하는 것도 힘에 겨운 우리에게, 화평케 하는 자의 참 모범이 되어주셨습니다. 예수님 자신에게 이 말씀이 친히 이뤄졌습니다.

"화평케 하는 자는 복이 있나니 저희가 하나님의 아들이라 일컬음을 받을 것임이요."

예수님은 화평케 하시는 분이었고, 하나님의 참 아들이셨습니다.

화평케 하는 분이신 예수님에게서 우리가 배우는 것은 무엇입니까? 그분의 화평케 하시는 삶에서 우리가 배워야 할 것은 무엇입니까? 화평케 하는 데에는 희생이 필요하다는 것입니다. 화평케 하는 자가 되려면 희생하는 자가 되어야 합니다. 왜 오늘날 수많은 가정이 불화하며 이혼의 위기로 달려가고 있습니까? 서로가 화목한 관계를 원하지만, 희생은 하지 않으려 하기 때문입니다. 서로가 화목을 원하지만, 말과 혀를 통해서 합리적인 접점을 찾으려 합니다. 하지만, 예수님이 보여주신 화목의 본은 바로 자신이 화목의 제물이 되는 것이었습니다. 에베소서 5장에 보면 아내들은 복종하고 남편들은 예수님처럼 희생하라고 하십니다. 이러한 희생이 있을 때에, 우리의 가정에 참 화평이 오는 것입니다.

화평케 하시는 분이신 예수님에게서 우리가 배우는 것은 또 무엇입니까? 성령이 임하는 곳에 진정한 화평이 있다는 것입니다. 사람의 노력으로 화해되지 못하는 부분을 성령님이 채워주셔야 됩니다. 성령의 능력으로만 진정한 화평이 임합니다. 사람의 노력만으로 깨어진 꽃병을 맞춰놓으면, 그 깨어진 자국이 그대로 보이지만, 성령이 도우시면, 그 갈라진 자국도 없어지게 됩니다. 마태복음 4장에 보면, 예수님께 성령이 비둘기 같이 임하고, 예수님은 하나님의 아들이라고 불리게 됩니다. 무슨 말입니까? 우리의 삶에서 우리가 성령이 충만하고, 성령에 이끌린 삶을 살아야, 우리의 삶에 진정한 화평이 이뤄진다는 것입니다.

또한, 예수님이 하나님과 사람 사이를 화평하게 하셨듯이 우리도 그 일을 해야 합니다. 예수님이 우리와 하나님을 화해시켰습니다. 우리도 나가서 그 일을 해야 합니다. 우리도 예수님을 모르는 사람들이 하나님과 화해하고 하나님께 나갈 수 있도록 해야 합니다. 그 일이 바로 전도인 것입니다. 하나님과 원수 된 불순종의 사람들로 하여금, 예수님께서 이뤄놓으신 화목의 제사를 보게 하고 믿게 함으로써, 전도의 일에 동참하는 자들이 되어야 합니다. 우리가 이러한 화평케 하는 전도를 할 때에 주님은 말씀하십니다.

"너는 사랑하는 내 아들이요. 내 기뻐하는 자라. 너는 사랑하는 내 딸이요. 내 기뻐하는 자라."

화평케 하는 성향 VS 이간질 하는 성향

우리는 다른 사람들의 관계가 서로 멀어지도록 하는 성향을 누구나 가지고 있습니다. 그러한 성향이 더 많이 있는 사람이 있고, 조금 있는 사람도 있어서 그렇지, 정도의 차이는 있지만, 그러한 바람직하지 못한 성향이 있습니다. 하지만, 이러한 성향을 가지고 살면, 고통스럽습니다. 이런 사람들은 대부분, 자기 자신과도 화해하지 못하는 경우가 많습니다. 그리고 불화 가운데 살아가니까, 삶이 짜증나게 됩니다. 하지만, 다른 사람들을 화해시키고, 예수님을 믿지 않는 자들을 예수님 믿게 하는 사람들은 화평케 하는 성향을 점점 더 가지고 살기 때문에 그 삶에, 주님의 평안과 화평이 있습니다. 그래서, 행복한 삶을 살아가게 됩니다. 이간질하는 것은 사탄의 성향이고, 화평케 하는 것은 예수님의 심장을 닮은 것입니다.

우리가 격려의 교육을 통해서 우리의 학생들을 교육한다면, 이들은 화평케 하는 자의 삶을 살아가게 됩니다. 그리고, 이 세상의 외교관들이 하는, 나라와 나라를 화해시키는 일보다 더 큰 일을 하게 됩니다. 바로 하나님과 사람을 화평케 하는 일을 하면서 살게 됩니다. 그리고 하나님께 칭찬을 받게 됩니다. 하나님의 참 아들이라는 찬사를 받게 됩니다.

격려의 교육을 통해서 회복되는 성향 8: 고난을 두려워하지 않는 성향(마5:10)

의 - 하나님과 인간의 올바른 관계

'의'라는 것은 관계적인 단어입니다. 우리가 흔히 생각하는 정의라는 개념도 있지만, 신학적으로는, '의'라고 하는 것은 하나님과 사람과의 올바른 관계를 말합니다. 우리가 의롭다고 칭함을 받고, 실제로는 의롭지 못하지만 의롭다 여김을 받고 거룩하신 하나님께 나갈 수 있게 된 것입니다. 그러니까 '의를 위하여 핍박을 받는다.'는 말은 바로, 사람들로 하여금 하나님과 올바른 관계를 맺도록 노력을 하는 도중에, 핍박을 받는다는 말입니다. 의를 위하여 핍박을 받는다는 것은, 죄인들을 의인되게 하여 하나님과 바른 관계를 맺도록 하다가 핍박을 받는다는 말입니다.

의를 위하여, 그러니까 사람들이 하나님과 올바른 관계를 맺게 하려고 핍박을 받은 분이 여럿 있습니다. 우선 사도바울을 들 수 있습니다. 사도바울이 의를 위하여, 불신자들이 하나님과 올바른 관계를 맺게 하려고, 전도여행을 하다가 당한 고난을 고린도후서 11장 23절에서 27절에 이렇게 기록하고 있습니다. 현대인의 성경입니다.

"나는 그들보다 더 많이 수고하였으며 여러 번 갇혔고 매도 수없이 맞았으며 죽을 고비도 여러 번 겪었습니다. 나는 유대인들에게 39대의 매를 다섯 번이나 맞았습니다. 또 세 번이나 몽둥이로 맞았고 한 번은 돌에 맞았으며 세 번이나 파선하였고 밤낮 하루를 꼬박 바다에서 헤맨 일도 있었습니다. 나는 여러 번 여행하면서 강의 위험과 동족의 위험과 이방인들의 위험과 도시의 위험과 광야의 위험과 바다의 위험과 거짓 선지자들의 위험을 당했습니다. 또 수고하고 애쓰며 뜬 눈으로 밤을 지새운 적도 여러 번이었고 주리고 목마르며 수없이 굶고 추위에 떨며 헐벗기도 하였습니다."

사도 바울은 의를 위하여, 사람과 하나님의 좋은 관계를 위하여 핍박 받았습니다.

의를 위하여 핍박 받는 자는 천국을 소유하게 된다고 했는데, 사도바울은 천국을 경험했습니다. 단지 주님의 다스려주심을 이 땅에서 경험 했을 뿐만 아니라, 실제로 천국에 다녀오게 된 것입니다. 고린도후서 12장 2-3절에 보면, 그가 셋째 하늘에 다녀온 경험이 나옵니다.

"나는 14년 전에 셋째 하늘에 이끌려 갔습니다. 그때 실제로 내 몸이 올라간 것인지 아니면 내 영이 몸을 떠나 올라간 것인지 나는 모르지만 하나님은 아십니다."

사도바울은 실제로 천국을 경험하고, 천국을 소유하는 경험을 하게 된 것입니다. 그가 의를 위하여, 사람과 하나님 사이의 올바른 관계를 위하여 힘쓰고 애썼을 때, 그리고 핍박을 받았을 때, 그는 오늘의 약속의 말씀대로 천국을 경험하게 된 것입니다. 단지, 이 땅에서 하나님의 다스려주심을 경험한다는 차원을 넘어서, 실제로 천국에 다녀오는 놀라운 경험을 하게 된 것입니다. 언제 그렇게 되었습니까? 그가 의를 위하여 핍박을 받았기 때문입니다.

'의'라는 것은 관계성이 강한 말인데, 다른 사람과 하나님의 관계개선을 위해서 핍박을 받을 수도 있지만, 우리들 자신과 하나님과의 관계성을 위해서 핍박을 받을 수도 있습니다. 우리 믿는 모든 사람들은 이미, 예수님의 대속의 은혜로 의롭다 칭함을 받은 자들이며, 하나님과의 올바른 관계를 지속해 나가려고 애쓰는 자들입니다. 그런데, 살다 보면, 우리와 하나님과의 관계를 망가뜨리려는 도전을 받기도 합니다. 그런데, 이런 도전과 핍박 가운데에서도 우리의 믿음의 선진들은, 의를 위하여, 자신과 하나님과의 올바른 관계성의 지속을 위하여 핍박을 받았습니다. 히브리서 11장 36절-38절을 보면, 이 사람들이 의를 위하여, 자신들과 하나님과의 올바른 관계를 위하여 당한 여러 가지의 핍박을 소개합니다.

"또 어떤 이들은 희롱과 채찍질뿐 아니라 결박과 옥에 갇히는 시험도 받았으며, 돌로 치는 것과 톱으로 켜는 것과 시험과 칼에 죽는 것을 당하고 양과 염소의 가죽을 입고 유리하여 궁핍과 환란과 학대를 받았으니, 이런 사람은 세상이 감당치 못하도다."

히브리서에 나오는 이 사람들은, 의를 위하여 핍박 받은 사람들이었습니다. 하나님과 자신들과의 관계성을 중시 여기고, 믿음을 지켜 산 사람들이었습니다. 이들은 과연 오늘의 말씀대로, 천국을 소유하고 하늘의 큰 상을 받았습니까? 대답은 그렇습니다. 이들은 믿음의 눈으로 하늘나라를 소유하고, 상급을 바라본 자들이었습니다. 이들은 믿음의 눈으로 이미 하늘나라와 상급을 소유한 자들이었습니다. 약속의 말씀대로, 의를 위하여 핍박을 받았고, 하늘나라를 소유한 자들이 되었습니다.

의를 위한 고난을 두려워 하지 않는 본 - 예수님

사도바울도 의를 위하여 핍박을 받았고, 히브리서에 나오는 믿음의 선진들도 의를 위하여 핍박을 받았습니다. 다른 사람들과 하나님과의 올바른 관계를 위하여, 그리고 자신들과 하나님의 올바른 관계를 위하여, 핍박을 받았습니다. 그리고, 약속대로, 하늘나라를 경험하고 소유하게 되었습니다. 하지만, 예수님이야 말로, 사람들로 하여금 하나님과 올바른 관계를 맺을 수 있도록 하신 분입니다. 의롭지 못한 우리를 의롭게 만드신 분입니다. 의롭지 못한 우리를 의롭게 하시고, 하나님과 올바른 관계를 맺게 하시려고, 예수님께서는 핍박을 당하셨습니다.

예수님께서 당하신 핍박은, 사도바울이 당한 핍박처럼 단지 그냥 죽을 뻔한 핍박이 아니었습니다. 예수님께서 당하신 핍박은, 실제로 죽어주신 핍박이었습니다. 예수님께서 우리를 의롭게 하시기 위해서 당하신 핍박은, 돌에 맞아 피가 조금 나는 핍박이 아니라, 창과 채찍에 맞아 붉은 피를 모두 다 쏟으신 핍박이었습니다. 예수님께서 우리를 의롭게 하시기 위해서 당하신 수모는, 단지 욕 몇 마디를 먹는 수모가 아니라, 얼굴에 침이 뱉어지고 주먹질 당하는 수모였습니다(마 26:67). 그리고 그들은 예수님의 얼굴에 침을 뱉고 주먹으로 치고 또 뺨을 때리면서, "그리스도야 너를 때리는 사람이 누구냐? 알아맞혀보아라." 사도바울이 당한 핍박은 자신의 힘이 부족해서 당한 부분이 많이 있지만, 예수님은 모든 핍박을 피할 수 있는데도 불구하고 핍박을 받으셨습니다.

예수님은 이러한 핍박과 수모와 수치를 어떻게 견딜 수 있었습니까? 특수체질이었습니까? 아닙니다. 전능하셔서 참았습니까? 아닙니다. 예수님께서는 우리와 똑 같은 몸을 입으셔서, 모든 아픔을 그대로, 고스란히 느끼셨습니다. 예수님께서는 전능하시니까, 아픈 곳에 미리 부분마취를 했습니까? 아닙니다. 예수님께서는 모진 고통과 수치를 어떻게, 왜 다 견디셨습니까? 가장 소중한 선물을 우리에게 주시기를 그렇게도 원하셨기 때문입니다. 우리가 하나님께 나갈 수 있는 길을 열어놓기 위해서, 그 고통과 수치를 다 참으셨습니다. 우리가 의롭다 함을 받고 영생을 얻게 하기 위해서, 그 모진 고통과 수난을 당하셨습니다. 그분이 그 고통과 수치를 다 견딘 것은, 죄인 된 우리를 의롭게 하시기 위해서였습니다. 의를 위하여 핍박을 당하신 것입니다. 이것이 바로 그분의 사랑입니다. 우리를 너무나도 사랑하셨기에, 그 수치와 고난을 당하시고, 죄인 된 우리를 보혈의 피로 의롭게 하셨습니다.

고난을 두려워 하지 않는 비결 - 고난 뒤의 환희를 바라봄(시22)

예수님은 어떠한 마음을 가지고 이러한 핍박을 받으셨을지 생각해 보셨나요? 마지못해 받는 마음? 아니면, 이 고통 빨리 지나가라 하는 마음? 예수님은 어떠한 마음을 가지고, 이러한 핍박을 받으셨을까? 바로 '기쁘고 즐거운 마음'입니다. 예수님은 기쁘고 즐거운 마음으로, 모든 핍박을 받으신 것입니다. 그것을 어떻게 알 수 있습니까? 그것은 11절과 12절에 보면 알 수 있습니다. 우리가 의를 위하여 핍박당할 때에, 기뻐하고 즐거워하라고 가르치고 계십니다. 예수님이 우리에게 핍박 받을 때에 기뻐하고 즐거워 하라고 하시면서, 정작 당신께서는 다른 태도를 가지실까요? 아닙니다. 예수님은 말과 행동이 일치하시고, 가르친 대로 행하시는 분이고, 위선이 없는 분입니다. 따라서, 예수님도 의를 위하여 핍박당하실 때에, 기뻐하고 즐거워 하셨다고 필자는 믿습니다. 예수님께서 의를 위하여, 우리의 의로움을 위하여, 죄인들의 칭의(稱義)를 위하여, 고난당하시고 수치와 모욕을 당하실 때에, 예수님은 기뻐하고 즐거워 하셨습니다. '나 기쁘다. 나 즐겁다.' 이런 식의 기쁨과 즐거움보다 더 강렬하게, 기쁨과 즐거움과 환희와 뛰는 가슴을 가지신 것입니다. 그분의 환희에 찬 모습이 보입니다. 진정으로 가슴 벅차게 기뻐하고, 즐거워 하신 것입니다.

예수님께서는 사람들이 얼굴에 침을 뱉을 때에도 기뻐하고 즐거워하셨습니다. 죄인 된 우리가 의인이 된다는 생각에, 예수님은 사람들이 자신의 머리에 가시관을 씌울 때에도 기뻐하고 즐거워 하셨습니다. 죄인 된 우리가 의인이 된다는 기대감에, 예수님은 사람들이 자신의 손에 못질을 할 때도 기뻐하고 즐거워 하셨습니다. 죄인 된 우리가 의인이 된다는 믿음을 가지고, 예수님은 사람들이 자신의 발에 못질을 하고, 그 못이 발등으로 들어가서 발바닥으로 튀어나와 십자가에 꽂히는 순간에도, 육신은 고통스러웠지만, 마음은 기쁘고 즐거웠습니다. 더러운 죄인들이, 순결한 신부가 곧 되리라는 모습을 그리면서. 예수님은 자신이 채찍에 맞으면서 살점이 떨어져 나갈 때, 입에서는 신음이 나왔지만, 그 마음은 즐겁고 벅차 올랐습니다. 죄인 된 우리가 도저히 입을 수 없는, 의의 옷을 입게 되리라는 기대감에, 예수님은 로마병정이 옆구리를 찍어서 붉은 피와 물이 나올 때에도, 육신은 고통스러웠지만, 마음은 기쁘고 즐거웠습니다. 벅차 올랐습니다. 큰 기대감이 넘쳤습니다. 자신의 노력으로는 도저히 지울 수 없고 해결할 수 없는 죄의 문제를 가진 우리를 죄 없게 하시고, 의롭게 하셔서, 하나님의 아들과 딸이 된다는 생각에 가슴이 벅차 올랐던 것입니다. 기쁘고 즐거웠던 것입니다. 사람들이 따귀를 때리면서, 예언해 보라고 할 때에도 기뻐하고 즐거워하셨습니다. 그래, 죄인들이 의인될 수만 있다면…

어떤 이는 이런 반문을 할 수도 있습니다. 예수님이 우리의 의를 위해서 십자가에 못 박혀 돌아가실 때에, 기쁘고 즐거운 마음이 아니라 마지못해 하는 마음이 있진 않았을까? 예수님이 기쁘고 즐거운 마음으로 십자가의 핍박과 고난을 당하셨다면 왜, 십자가상에서 '나의 하나님 나의 하나님 나를 버리시나이까?'라고 했을까? 이런 질문을 해 볼 수 있습니다. 무언가 헷갈리지 않습니까? 마태복음에서는 의를 위해서 핍박 받을 때에 기뻐하고 즐거워하라고 했는데, '엘리엘리라마사박다니'라는 표현이 마태복음 27장 46절과 마가복음 15장 36절에 나옵니다. 나의 하나님 나의 하나님 어찌하여 나를 버리시나이까라는 뜻입니다. 하지만 헷갈릴 필요 없습니다. 예수님은 기쁘고 즐거운 마음으로 십자가상에서 돌아가신 것입니다. 수많은 죄인들이, 의롭게 되어, 죄와 사망의 그늘에서 벗어나게 되는 것을 믿음의 눈으로 보시면서 돌아가셨습니다.

그렇다면 '엘리엘리라마사박다니' 나의 하나님 나의 하나님 어찌하여 나를 버리셨나이까는 어떻게 된 것입니까? 그것은, 바로 예수님께서 시편 22편을 외우신 것입니다. 시편 22편의 시작은 어떻게 됩니까? '내 하나님이여 내 하나님이여 어찌하여 나를 버리셨나이까.' 하지만 이것이 끝이 아닙니다. 예수님께서 지금 당하시는 고난과 수치와 핍박을 나열하고 있습니다. 예수님이 지금 십자가에서 당하신 수치와 고난이 6절부터 21절까지 적혀 있습니다. 하지만, 반전이 일어납니다. 어디입니까? 바로 27절입니다.

> "27 땅의 모든 끝이 여호와를 기억하고 돌아오며 열방의 모든 족속이 주의 앞에 경배하리니." 예수님이 십자가에서 이루실 죄인이 의인되게 하는 역사로 말미암아 열방이 주께 돌아오게 될 것을 말씀하고 계십니다. "28 나라는 여호와의 것이요, 여호와는 열방의 주재이심이로다. 29 세상의 모든 풍비한 자가 먹고 경배할 것이요, 진토에 내려가는 자 곧 자기 영혼을 살리지 못할 자도 다 그 앞에 절하리로다. 30 후손이 그를 봉사할 것이요, 대대에 주를 전할 것이며, 31 와서 그 공의를 장차 날 백성에게 전함이요, 주께서 이를 행하셨다 할 것이로다."

예수님은, 왜 나를 버렸냐고 하시는 것이 아닙니다. 예수님은 시편 22편 전체를 말씀하신 것입니다. 지금 나는 수치와 고난을 당하고 있지만, 열방이 주께 돌아오며, 수많은 죄인이 의인이 될 것이라는 것을, 시편의 노래로 부르고 계신 것입니다. 만약에 그때에, 세상 모든 민족이 구원을 얻기까지라는 복음성가가 있었으면, 예수님은 그 노래를 불렀을 것입니다. 아마도 한국어로 부르셔야 되겠죠. 아랍어나 헬라어로 번역은 쉽지 않겠는데요. 어쨌거나, 예수님은 십자가에서, 자신을 왜 버리고 고통스럽게 하느냐고 하면서, 고난을 당하신 것이 아니라, 세상 모든 민족이 자신의 대속의 죽음을 통해서 의롭게 되고, 하나님께 돌아오게 될 것을 보고 계셨던 것입니다. 믿음의 눈으로. 그래서, 그분의 심장은 뛰고 있었습니다. 그분의 가슴은 벅차오르고 있었습니다. 오늘 본문의 표현대로라면, 기쁘고 즐거우셨습니다. 자신이 의를 위하여 당하는 핍박으로 인해서, 수많은 영혼들이 주께 돌아올 것과, 그분의 의로우심을 선포하고 노래할 것을 믿음의 눈으로 보셨습니다. 예수님은 의를 위해 핍박받는 마지막 순간까지, 기쁘고, 즐겁고, 가슴 벅차하셨습니다. 의를 위해 핍박 받는 자의 태도가 어떠해야 함을 친히 본으로 보여주셨습니다.

어떤 분은 이런 반문을 할 수도 있습니다. 과연 예수님이 엘리엘리라마사박다니라고 하신 것이 시편 22편을 지칭하신 것이면, 그렇게 길게 '엘리엘리라마사박다니'라고 하지 마시고, '시편 22편'이라고 하시지 그랬나?라는 질문을 할 수도 있습니다. 하지만, 예수님 당시에는 시편에 일련번호를 매기지 않았습니다. 시편에 번호를 매긴 것은 근대의 일이며, 페이지를 매긴 것도 근대의 일입니다. 어쨌거나, 예수님은 의를 위하여 핍박을 받았고, 핍박과 고난과 수치를 받으시되 기쁘고 즐겁게 받으셨습니다. 믿음의 눈으로, 앞으로 전개될 구원의 현장을 바라보시면서 가슴 벅차하셨습니다.

우리의 심장도 예수님 본받아

이러한 예수님의 태도가, 고난을 대하는 우리의 태도가 되어야 합니다. 의를 위하여 핍박을 받는 우리가 되어야 하고, 이를 기쁘고 즐거운 마음으로 감당할 수 있어야 합니다. 예수님은 의를 위하여 핍박을 받으시되, 그로 인한 결과를 바라보시며 기쁘고 즐거워 하셨습니다. 이것이 바로, 의를 위하여 고난과 핍박을 받는 우리의 태도가 되어야 합니다.

오늘날 의를 위하여 당하는 핍박이 무엇입니까? 바로 전도하다가 당하는 핍박입니다. 왜냐하면, 전도는 불신자를 하나님과 올바른 관계를 맺도록 하는 일이기 때문입니다. 전도를 하다 보면 욕을 먹기도 합니다. 때로는 문전박대를 당하기도 합니다. 때로는 기독교에 대한 오해로 인해서, 사실과는 거리가 먼 부정적인 교회 이야기를 듣게 되기도 합니다. 어떤 분은 물세례를 받기도 합니다. 강요하지 말라는 말도 듣습니다. 이런 핍박을 당할 때에, 우리의 보통의 반응은 어떠합니까? '이래서 내가 전도하기 싫어. 나는 전도체질이 아닌 가봐.' 또는 같이 싸우고, 같이 맞대응 하는 분도 있습니다.

하지만, 주님의 태도는 어떠했습니까? 기뻐하고 즐거워하셨습니다. 지금 손에 박힌 못과 얼굴에 있는 침으로 인하여 우울해 하신 것이 아니라, 그 대속의 죽음을 통하여, 하나님께 수많은 백성들이 돌아오게 될 것을 보시면서, 가슴 벅차하시고, 기쁘고 즐거워 하셨습니다. 우리도 마찬가지입니다. '의'라는 것은 하나님과 사람과의 관계인데, 불신자가 의롭게 되어 하나님께 돌아오는 일을 하다가, 핍박을 받으면, 우리도 즐거워 해야 합니다.

그런데, 의를 위하여 핍박을 받다가 즐거워 하는 것은, 억지로 할 수 없습니다. 믿음의 눈으로 상주심이 보여야 합니다. 예수님은 미래에 하나님께로 돌아오게 될 구름 떼 같은 열방을 바라보셨습니다. 우리가 의를 위하여 핍박을 받을 때에, 즐거워 하기 위해서는 상주심을 바라보아야 합니다. 마태복음 5장 12절에 보면 이렇게 되어 있습니다.

"기뻐하고 즐거워하라. 하늘에서 너희의 상이 큼이라."

믿음의 눈으로 상주심이 보여야, 기뻐하게 됩니다. 우리에게 다가오는 욕설이 많아져도 감사합시다. 하늘의 상이 큽니다. 의를 위하여 일하다가, 고통을 당해도 즐거워 합시다. 하늘의 상이 큽니다.

의를 위하여 핍박 받기를 꺼리는 사람들은, 자신의 소유의 개념이 아직도 이 땅에 많이 머물러 있는 것입니다. 천국이 자신의 것이라고 믿기 보다는, 이 땅이 바로 내 것이고, 내 소유고, 이 땅이 내 모든 것을 걸 수 있는 곳이라고 믿는 것입니다. 그리고, 천국에 무언가를 쌓아 놓는다는 것이 별로 실감도 나지 않고, 쌓이든 말든 별로 신경을 쓰지 않는 사람들입니다. 하지만, 의를 위하여 핍박을 받는 자들은 천국을 소유한 자들입니다. 천국은 하나님의 통치이기 때문에, 의를 위하여 핍박을 받는 자들의 삶을 하나님이 직접 다스려 주십니다. 그들의 가정과 그들의 사업을 직접 만져주시고, 참 평안과 기쁨을 충만하게 하십니다.

고난과 핍박을 받는 성향 VS 두려워하고 회피하는 성향

아담이 범죄하기 전에는, 그 마음에 두려움이 없었습니다. 하지만, 죄를 범한 이후에는 두려움이 찾아오게 되었습니다. 그래서, 현대인들은 여러 가지의 두려움에 둘러싸여 있습니다. 그것은 재산의 유무나, 직업의 귀천이나, 학력의 고저에 관계없습니다. 수많은 사람들이 두려움과 걱정 속에서, 고통당하고 있습니다. 하지만, 예수님을 믿는 사람들은 두려움을 회피하느라고 더 많은 고통을 당하는 선택을 하지는 않습니다. 예수님을 아는 사람들은 고난이 올 때에, 그것을 정면으로 뚫고 나갑니다. 왜냐하면, 예수님 안에는 두려움이 없기 때문입니다. 이러한 힘이, 바로 격려의 교육을 통하여 우리의 학생들에게 그리고 자녀들에게 회복되는 것입니다.

Octo-Blessing & Oz Blessing(옥토 블레싱과 오투 블레싱)

우리의 심장이 지금까지 설명한 여덟 가지의 성향을 회복하게 되면, 우리는 참으로 행복한 삶을 살게 됩니다. 더 정확하게 말하자면, 우리는 행복한 자가 됩니다. 왜냐하면, 우리의 심장/성향이 점차적으로 바뀌게 되기 때문입니다. 우리가 마땅히 사랑해야 할 것을 사랑하게 되기 때문에, 우리는 고통보다는 행복감을 점점 더 느끼게 되는 것입니다. 그런데, 이러한 복을 Eight Blessings라고 부르는 것 보다는, Octo-Blessing[6]이라고 보는 것이 더 나을 듯합니다. 왜냐하면, 우리의 심장이 주님이 원하는 심장으로 변화되어 갈 때에, 우리가 경험하는 것은 궁극적으로는 행복한 심장/성향의 소유자가 되는 한 가지의 복이기 때문입니다.

그런데, 우리가 이러한 심장의 원형을 회복해 가는 데 있어서 가장

---

6 여기서의 Octo는 중의적으로 썼습니다. 첫번째로는, 여덟을 의미하는데, 여덟 가지의 복들이라는 의미에서의 여덟이 아니고, 한 가지 복의 여덟 가지 측면이라는 의미에서 여덟(Octo)입니다. 마음의 천국을 여덟 가지 측면에서 본 것이라는 의미입니다. Octo의 또 다른 의미는, 이러한 복은 우리의 심장이 옥토가 될 때에 경험되어진다는 것입니다. 그래서, 우리말의 옥토(沃土)의 발음을 그대로 따서, Octo가 되는 것입니다. 즉, 자신의 심장이 옥토가 된 사람이 누리는 한 가지 복의 여덟 가지 측면들이라는 의미에서, Octo-Blessing입니다.

많이 노력을 기울여야 하는 것이 격려의 교육입니다. 그런데, 격려의 교육에 있어서 가장 중요한 3가지가 있습니다. 그것은 바로, 기도와, 성경 말씀과, 사랑입니다. 그런데, 이 가운데 가장 중요한 한 가지를 꼽으라면, 바로 기도입니다.

우리가 기도를 할 때에, 우리는, 하나님이 주시는 격려를 경험하고, 더 강건한 심장의 소유자가 되어가고, 다른 사람을 더 잘 격려할 수 있는 자가 되어가는 것입니다. 이런 점에서, 기도는 격려자에게 있어서 산소와(O_2) 같은 것입니다. 산소가 없이는 어떠한 생명체도 살 수가 없듯이, 기도가 없는 격려는 생명력이 없는 것입니다. 산소(O_2)와도 같은 기도를 통해서 더 나은 격려자가 되는 것, 이것이 바로 다음 장에서 다룰 O_2 Blessing(오투 블레싱)입니다. 기도하는 자가, 격려 받고 남을 격려하는 자로 변화되는 것입니다. 그리고, 격려의 교육을 할 수 있고, 자신의 제자를 격려할 수 있고, 그 제자가 또 다른 격려의 교육을 하도록 돕는 것입니다.

격려의 교육을 위한 실제적인 과정

다른 사람을 잘 격려하기 위해서는, 우리가 먼저 격려를 받고, 경험해야 합니다. 하지만, 이것을 인간관계에서만 두고, 논리적으로 생각을 해본다면, 우리는 그 누구도 제대로 격려할 수 없을 것입니다. 왜냐하면, 그 누군가가 격려를 시작해야 하는데, 그 사람은 남에게 격려를 받은 사람이 아닐 수 있기 때문입니다. 그래서, 우리는 사람 이외의 대상에게서 격려다운 격려를 받을 수 있어야 합니다. 그러한 상태에서 남에게 격려를 하면, 그 격려는 놀라운 파워를 발휘하게 됩니다. 하지만, 내가 하나님에게서 격려를 받지 못하면, 남에게 격려다운 격려를 제대로 하기 힘이 듭니다.

필자가 이것을 깨닫게 되기까지는 꽤 많은 시간이 필요했습니다. 즉, 내 입술에서 나가는 말의 내용이 다른 사람을 격려하고 살리는 것이 아니라, 내가 기도하고 성경말씀을 읽는 생활이 습관화 되어 있을 때에, 나의 입술을 통해서 나가는 말이 다른 사람을 격려하고 살리는 파워가 있다는 것을 실제로 체험하기까지는 꽤 많은 시간이 흘렀습니다. 저는 이것을 가정과 교회에서 깨달았습니다.

결혼을 하고 얼마 되지 않았을 때입니다. 결혼한 지 100일도 못 되었을 때, 저는 아내와 싸우게 되었습니다. 그 원인은 이것입니다. 나는 분명히 좋은 의도를 가지고, 아내에게 좋은 말을 해주었는데, 아내는 그것을 다른 의도로 받아들이고 화를 내는 것입니다. 저는 너무나도 분해서 어떻게 해야 할 줄을 몰랐습니다. 나같이 선하고 좋은 말을 하는 남편이 하는 말을 아내는 왜 곡해(曲解) 해서 듣는 것일까라는 생각에 너무나도 고통스러웠습니다. 그 뒤로 저는 엎드려서 기도하기 시작했습니다. '주님, 제가 하는 말이 아내에게 상처가 되지 않도록, 제가 하는 말을 부드럽게 포장해 주세요. 빛으로 감싸주세요.' 이런 기도를 하는 날에는 같은 말을 해도, 아내가 화를 내지 않는데, 기도를 조금만 소홀히 하면 아내는 같은 말을 해도 짜증을 내고 화를 내는 것입니다. 저는 그때 깨달았습니다. 내 안에는, 나라는 인간의 심장에는, 하나도 선한 것도 없고, 남을 변화시키는 파워도 없다는 것을. 오직, 날마다 기도로써 내가 새로워져야지만, 나의 언어가 다른 사람을 살리는 것이 됨을 깨닫게 되었습니다. 즉, 언어의 컨텐츠가 다른 사람을 격려하는 것이 아니라, 나의 심장이 주님의 빛을 경험한 만큼, 나의 격려의 언어가 파워를 발휘하고, 빛이 되어서 전달되는 것을 깨닫게 된 것입니다.

우리가 우선 격려 받는 자가 되려면, 어떻게 해야 합니까? 우리는 먼저 하나님에게서 격려를 날마다 받아야 합니다.

격려의 피워의 근원 -기도- 누가복음의 주기도문을[1] 통해서 보는 기도에 대한 격려[2]

세상 사람들은 때때로 낙담을 합니다. 그런데, 많은 신앙인들도 낙담합니다. 그리고, 그 낙심의 늪에서 헤어나오기 힘들어 하는 성도들이 상당히 있습니다. 우리를 낙심하게 하고 우리를 시험에 들게 하는 것이 여러 가지가 있습니다. 돈에 대한 시험, 이성으로 인한 시험과 낙담, 그리고 우리의 처지에 대한 시험과 낙담 등이 있습니다. 그런데, 우리가 가장 경계해야 하는 시험(우리를 낙담하게 만드는 것)은 바로, 기도에 대한 시험과 낙담입니다.

생각해 봅시다. 우리 어떤 이성(異性)으로 인해서 낙심을 한다 하더라도, 기도할 수만 있다면, 그로 인한 시험과 낙담을 능히 이겨낼 수 있습니다. 단지 시간의 문제입니다. 또한, 돈으로 인해서 낙심하거나 시험에 든다 하더라도, 계속해서 기도할 마음만 있고, 계속해서 기도한다면, 우리는 그러한 낙심에서 벗어나서 격려를 받을 수 있습니다. 하지만, 기도에 대해서 시험에 들거나, 기도의 응답이 되지 않아서 낙심을 하게 되면 신앙인들은 큰 위기를 맞이하게 됩니다. 왜냐하면, 하나님께서 주시는 격려를 더 이상 받기 힘들어지기 때문입니다. 따라서, 신앙인으로서 살다가 당하게 되는 가장 큰 시험은 기도응답에 대한 시험이고, 가장 경계해야 할 낙담은 바로 기도에 대한 낙담이고, 가장 실망해서는 안 되는 것이 바로 기도에 대한 것입니다.

기도응답에 대해서 묻는 사람들을 격려하기 위해서 많이들 하

---

1 누가복음의 주기도문: "아버지여 이름이 거룩히 여김을 받으시오며 나라이 임하옵시며/ 우리에게 날마다 일용할 양식을 주옵시고/ 우리가 우리에게 죄지은 모든 사람을 용서하오니 우리 죄도 사하여 주옵시고 우리를 시험에 들게 하지 마옵소서." (눅 11:2-4).

2 주기도문은 마태복음 6:9-13과 누가복음 11장에 기록되어 있다.

는 말이 있습니다. 그것은 바로 다음과 같은 것들입니다.

"정욕을 위해서 구하니까 못 받는 것입니다. 주님을 위해서 구해보세요."

"오래 기도해도 응답이 없다구요? 아직 하나님의 때가 아닌가 보네요. 때를 기다리세요."

"정말 오래 기도해도 응답이 없다구요? 때로는 무응답도 응답이지요."

위의 대답을 들으면, 다소의 위안과 격려가 되긴 하지만, 기도응답에 대한 더 명쾌하고도, 격려를 주는 해답은 없을까요? 우리가 간혹 응답을 받은 경우에, 과연 전혀 의심도 정욕도 없었을까요? 아닙니다. 우리는 때때로 의심도 하면서 구하고, 정욕이 포함되어서 구합니다. 그래도 때로는 주님께서 응답해 주십니다. 그렇다면, 우리에게 커다란 격려를 주는 기도응답의 본질은 무엇일까요? 이것이 바로 필자의 오랜 고민이자 의문이었습니다.

그런데, 기도응답에 대한 엄청난 격려를 주는 성경본문을 발견하게 되었습니다. 그 성경본문에서 주는 기도에 대한 격려의 말씀은 그 어떠한, 기도에 대한 격려보다도 뛰어나면서도, 너무나도 명쾌한 것이었고, 그 보화와 같은 진리의 발견으로 인해서 필자는 숨이 멎는 듯한 희열과 감사의 마음을 가지게 되었습니다.

그 진리의 빛을 비추어 준 성경말씀은 바로 주기도문입니다. 흔히 주기도문이라고 하면, 우리는 보통 마태복음 6장에 나오는 주기도문을 말합니다. 그 이유는, 우리가 주기도문을 외울 때에 마태복음 6장에 나오는 주기도문을 외우기 때문일 것입니다. 하지만, 성경에서 주기도문이 나오는 곳이 한군데 더 있으니 바로 누가복음 11장입니다. 그런데, 시중에 나온 주기도문 강해서들을 보면서 안타까운 점이 하나 있습니다. 그것은 바로 마태복음에 나오는 주기도문에만 중점을 두고 있다는 것입니다.

주기도문이, 신약성경에 두 군데에 나옵니다. 마태복음 6장에 나오고, 누가복음 11장 13절에 나옵니다. 이 둘을 자세히 비교해보면, 약간 다른 모습도 보이지만, 대체적인 내용은 똑같습니다. 그리고, 그 길이는 마태복음 6장에 나오는 주기도문이 다소 길게 되어 있습니다. 반면에, 누가복음에 나오는 주기도문은 그 길이가 다소 짧게 되어 있고, '대게 나라와 권세와 영광이 아버지께 영원히 있사옵나이다. 아멘.'이라는 부분이 없는 것으로 되어 있습니다. 그래서인지, 시중에 나와 있는 주기도문 강해서는 마태복음의 주기도문에 대해서 설명을 늘어놓고 있습니다.

예를 들면, '하늘에 계신 우리 아버지여.'라는 구절에 대해서 설명을 합니다. 하늘은 무엇을 뜻하고, 우리 아버지는 무엇을 뜻하고. 이런 저런 설명을 하고 있습니다. 그러면서, 대부분의 책은, 우리가 하나님 아버지를 찾고 부르는 것으로 기도를 시작해야 하고, 우리의 기도를 듣는 분이 우리 아버지 되신다는 설명을 덧붙여 놓았습니다. 그리고, 많은 목사님들이, 주기도문을 늘여서 기도하면 하루에 여러 시간 동안 기도할 수 있다고 합니다. 그런데, 이것은 다 마태복음 6장에 나오는 주기도문에 근거한 것입니다.

하지만, 누가복음 11장에 나오는 주기도문을 자세히 들여다 보면, 우리는 기도의 원리에 대해서 보다 더 깊고 명쾌한 것을 얻을 수 있습니다. 마태복음에 있는 주기도문만 우리가 보고, 그것을 의지한다면, 하나님이 왜 누가복음 11장에 나오는 주기도문을 우리에게 또 주셨겠습니까? 마태복음에 나오는 주기도문을 통해서, 우리는 우리가 구해야 할 기도의 순서와 내용에 대해서 자세히 배우게 됩니다. 하지만, 누가

복음 11장에 나오는 주기도문과, 그 주기도문에 대한 부연설명이라고 할 수 있는 뒷부분의 구절들(눅11장 5-13절)을 통해서 우리는 매우 귀한 것을 얻게 됩니다. 기도에 대한 두 가지 중요한 진리를 발견하게 됩니다.

누가복음의 주기도문을 보다 잘 이해하는 데, 도움을 주기 위해, 다음의 Box에 주기도문과 그에 대한 부연설명을 도식화 해보았습니다.

눅 11:2-4
(주기도문)
예수께서 이르시되 너희는 기도할 때에 이렇게 하라. 아버지여 이름이 거룩히 여김을 받으시오며 나라이 임하옵시며 3우리에게 날마다 일용할 양식을 주옵시고 4 우리가 우리에게 죄 지은 모든 사람을 용서하오니 우리 죄도 사하여 주옵시고 우리를 시험에 들게 하지 마옵소서. 하라.

눅11:5-10
주기도문의 의도에 대한 부연설명 1 => 중단하지 않는 기도
5 또 이르시되 너희 중에 누가 벗이 있는데 밤중에 그에게 가서 말하기를 벗
이여 떡 세 덩이를 내게 빌리라 6 내 벗이 여행 중에 내게 왔으나 내가 먹일 것
이 없노라 하면 7 저가 안에서 대답하여 이르되 나를 괴롭게 하지 말라 문이
이미 닫혔고 아이들이 나와 함께 침소에 누웠으니 일어나 네게 줄 수가 없노
라 하겠느냐 8 내가 너희에게 말하노니 비록 벗됨을 인하여서는 일어나 주지
아니할지라도 그 강청함을 인하여 일어나 그 소용대로 주리라 9 내가 또 너희
에게 이르노니 구하라 그러면 너희에게 주실 것이요 찾으라 그러면 찾을 것이
요 문을 두드리라 그러면 너희에게 열릴 것이니 10 구하는 이마다 받을 것이
요 찾는 이가 찾을 것이요 두드리는 이에게 열릴 것이니라.

눅 11:11-13
주기도문의 의도에 대한 부연 설명 2 => 기도의 목적 - 온전한 심장의 회복
11
너희 중에 아비된 자 누가 아들이 생선을 달라 하면 생선 대신에 뱀을 주며
12 알을 달라 하면 전갈을 주겠느냐 13 너희가 악할지라도 좋은 것을 자식에게 줄
줄 알거든 하물며 너희 천부께서 구하는 자에게 성령을 주시지 않겠느냐 하시니라.

기도에 대한 격려 첫째 원리 – 기도에 대한 시험에 들지 말고, 낙담하지 말고, 계속해서 기도하기

첫째, 끈질기게 지속적으로 하는 것이 바로 기도의 기본이자, 기도의 가장 어려운 부분이라는 것입니다. 주기도문의 제일 끝부분에 보면, '우리를 시험에 들게 하지 마옵시고.'라고 되어 있습니다.

저는 예전에 기도할 때에는 이렇게 기도했습니다. 주님, 저를 이성의 시험에 들지 않게 해주세요. 주님 저를 물질의 시험에 들지 않게 해주세요. 주님 저를 명예의 시험에 들지 않게 해주세요. 그런데, 우리가 모든 시험에 들지 않게 깨어 기도해야 되겠지만, 가장 무서운 시험이 무엇인 줄 아십니까? 그것은 바로 기도 자체에 대한 시험입니다. 기도에 대한 시험에 들면, 우리는 기도를 중단하게 됩니다. 다른 시험도 무서운 것이지만 기도에 대한 시험이 가장 무서운 것입니다. 기도에 대한 시험에 들면 이런 생각을 하게 됩니다. '내가 지난 번 특별 새벽기도 때, 그렇게 많이 기도했잖아. 그런데, 내가 그렇게도 해결하길 원하던 문제들 중에서 해결된 게 뭐 있어? 해결된 게 아무것도 없잖아. 일이 더 꼬여만 가잖아? 기도해봐야 되는 것도 별로 없네.' 이게 바로 기도에 대한 시험에 드는 것입니다. 그래서 주님이, 주기도문의 뒷부분에 설명을 하고 계시는 것입니다. 그것을 쉬운 말로 하면 이것입니다.

"얘들아, 기도 응답에서 가장 중요한 것은 낙심하지 않는 거야. 기도에서 가장 중요한 것은 기도에 대한 시험에 들지 않는 거야. 얘들아, 기도응답에서 가장 중요한 것은 낙담하지도 말고 포기하지도 말고, 끈질기게 구하는 거야."

누가복음에 나오는 예수님의 주기도문은 이렇게 부연설명이 되어 있습니다. 즉 11장 5절에서 13절은, 1절에서 4절에 나오는 주기도문 본문에 대한 해설인 것입니다. 절대로 포기하지 말고, 기도응답이 없어도, 기도를 할 때에, 일이 더 꼬이는 것처럼 보여도 더 끈질기게 기도하라는 것입니다.

주기도문을 늘여서 기도하고, 주기도문을 변형시켜서 기도하고, 주기도문을 이리 저리 요리를 하면서 기도하는 것도 중요하지만, 가장 중요한 것은 가장 뒷부분입니다. '시험에 들게 하지 마옵시고.' 우리가 사람에 대한 시험은 웬만하면 쉽게 이깁니다. 교회에서 친한 집사님이 갑자기 교회에서 봐도 인사를 안하고 싹 하고 지나갑니다. 그래도 그런 시험은, 1-2주 지나면, 금방 잊어버리고 다시 회복됩니다. 성적인 시험이 물론 극복하기 힘이 듭니다. 교회에서 결혼한 사람이 미혼 청년을 어느 날 사랑하게 됐다고 합시다. 그래도, 그런 시험은 3-4달 정도면 회복될 것입니다. 그리고 기도하면, 1달 정도면 빠져 나올 수 있을 것입니다. 그리고 물질로 인한 시험도 마찬가지입니다. 한 구역 식구에게 100만원을 빌려줬는데, 갚지도 않고 세월만 가면 시험에 들것입니다. 하지만, 그 돈을 돌려 받게 된다든지, 그 돈을 포기하게 되면, 그 돈으로 인한 시험에서 빠져 나올 수 있을 것입니다.

하지만, 기도에 대한 시험은 어떻습니까? 특별 새벽기도를 해도 응답이 안 돼서, 금식기도를 했습니다. 그런데, 금식기도를 해도 자기가 기도하는 일들이 꿈쩍도 안하고 있는 것입니다. 가족의 건강을 위해서 기도했는데, 차도가 없습니다. 더 시험에 들게 되는 것은, 남들은 기도할 때에, 한 끼만 금식하고 기도해도 응답이 잘만 된다는데, 나는 20일 금식을 해도 응답이 없는 것처럼 보일 때 어떻습니까? 바로 기도에 대한 시험에 들게 되는 것입니다. '나는 기도해도 왜 안 될까?' 그래서 기도의 줄을 놓아버립니다. 그리고, 새벽기도에도 나오지 않고, 금요기도회에도 나오지 않습니다. '기도해도 잘 안 되데뭐.' 이렇게 말하는 것입니다. 예수님이 바로 이점을 말씀하고 계시는 것입니다.

8절과 9절에 보면 이렇게 되어 있습니다. 8절에서 중요한 단어는 강청입니다. 강청. 떼를 쓴다는 것입니다. 아주 강하게 요구한다는 것입니다. 귀찮아서라도 준다는 것입니다. 여기에 보면, 떡 세 덩이라고 되어 있습니다. 우리가, 주님께 아무리 큰 것을 요구해도 하나님에게는 마치 떡 세 덩이처럼 조그만 것입니다. 예수님이 마음만 먹으면, 다 떡 가져가라, 하고 주실 수 있는 것입니다. 죽은 자를 살리는 것이나, 각종 병에서 사람을 고치는 것이나, 좋은 배우자를 만나는 것이나, 큰 돈을 버는 것이나, 자식이 명문대에 합격하는 것이나, 이 모든 것이 우리가 볼 때에는, 아주 큰 것처럼 보이고, 어려운 일로 보일 수도 있지만, 하나님께는 떡 방앗간에서, 떡 세 덩이 집어주듯이. '옛다. 여기 있다.'라고 하면서 쉽게 주실 수 있다는 것입니다. 하지만, 그렇게 되기 위해서, 우리가 할 일은 그분을 귀찮게 하는 것입니다. 포기하지 않는 것입니다.

8절에는 끈질긴 기도에 대해서, 강청이라고 했습니다. 그리고 9절에는 끈질긴 기도에 대해서 세 가지로 말씀하십니다. 구하라, 찾으라, 두드리라. 이 모두는 더 정확한 번역으로 하면 이렇습니다. 계속해서, 포기하지 말고, 끈질기게 구해라. 계속해서, 끈질기게, 포기하지 말고 찾으라. 계속해서, 끈질기게, 포기하지 말고 두드리라. 결국, 8절과 9절은 같은 말씀을 하시는 것입니다. 아니, 4절에 나오는 말씀인, '시험에 들게 마옵시고.'라는 말과 '강청하라.'는 말과 '계속해서 구해라.' 하는 말은 모두 다 같은 말씀을 하고 있는 것입니다. 무슨 말입니까? 다른 시험에는 혹시 드는 한이 있다 하더라도, 기도에 대한 시험에는 절대로 들지 말라는 것입니다. 기도하다 낙담하지 말라는 것입니다.

마귀는 우리의 삶에 다른 불이 붙기를 원합니다. 서로 미워하는 원한의 불을 던지고 있습니다. 마귀는 우리의 삶에 서로를 정죄하는 불을 붙이길 원합니다. 자기가 던진 불이 붙어야 되는데, 그런 불은 잘 붙지 않으니까, 기도의 불을 끄려고 안달이 납니다. 그래서, 심령들에게 두루 돌아다니면서, 속삭입니다. '기도해서 된 것이 뭐 있어? 새벽에 나와서 기도하다가, 낮에 직장에서 졸지 말고, 그냥 잠 많이 자고, 직장에서 일 잘하다가, 틈 날 때 조금씩 기도해.' 이런 마음을 던져줍니다. 그리고, 기도에 낙담한 사람들을 묶어줍니다. 기도의 승리자 클럽이 아니라, 기도의 낙심자 클럽을 결성하려 합니다. 하지만, 누가복음에 나오는 주기도문을 통해서 예수님이 말씀하십니다.

주님의 말씀, 그분의 약속은 100퍼센트 이뤄지는 신실하신 약속입니다. 그분께서, 이렇게 말씀 하십니다.

> "너희들 기도응답의 비결을 알고 싶니? 그것은 아주 단순해. 바로 포기하지 않고 기도하는 거야. 기도의 비결이 뭔지 아니? 그것은 바로 끈질기게 기도하는 거야. 기도응답의 가장 중요한 핵심이 뭔지 아니? 그것은 바로 지속적으로 기도하는 거야."

그럼 반대로, 기도응답이 안 되는 비결은 무엇이겠습니까? 〈기도응답이 안 되는 한 가지 비결〉이라는 책을 쓴다면. 그것은 무엇입니까? 그것은 바로 낙심하는 것입니다. 낙심하고 낙담하는 것입니다. 쉽게 기도에 낙심하고, 쉽게 기도에 대한 시험에 들고, 쉽기 포기하는 사람은 기도응답을 받지 못할 것입니다. 절대로 포기하지 않고 기도하는 것. 끈질기게 기도하는 것. 그리고, 계속해서 기도하는 것.

이것이 바로 기도응답의 비결인 것입니다.

그런데, 우리가 보통 끈질기게 계속해서 기도한다고 하면, 장기간에 걸친 기도만을 생각하기 쉽습니다. 그래. 끈질기게 기도하는 것이 기도응답의 비결이니까, 오늘도 10분 기도하고, 내일도 10분 기도하고, 모레도 10분 기도하고, 앞으로 3주 동안 매일 기도하고, 그래도 응답이 없으면, 앞으로 1년 동안 매일 기도해야 되겠다. 물론, 이렇게 장기간에 걸친 기도도 끈질긴 기도입니다.

하지만, 우리가 한 번에 한자리에 앉아서 얼마나 오랫동안 기도하느냐 하는 것도, 바로 끈질긴 기도가 됩니다. 장기간에 걸친 기도만 끈질긴 기도가 되는 것이 아니고, 한 번에 기도를 하더라도 끈질긴 기도를 하는 것입니다. 야곱의 끈질긴 기도는 장기간에 걸친 기도가 아니었습니다. 한 자리에서 밤을 지새우는 기도였습니다. 예수님도 밤이 새도록 기도하셨습니다. 사도행전에서 오순절에 성령이 임했을 때에, 그들은 기도에 힘썼습니다. 해산의 고통을 가지고 기도했습니다. 우리가 해산을 할 때에, 오늘 10분 진통하고, 내일 10분 진통하고 그렇습니까? 한번에 반나절을 진통합니다. 그 반나절을 진통하다가 애를 낳는 것이 바로 해산의 고통입니다. 많은 걸출한 신앙의 선배들이 언제 큰 문제 해결을 받았습니까? 한 자리에서 두 손 들고 4시간을 이어서 기도하다가 응답을 받았습니다. 이것이 바로 끈질긴 기도입니다.

2007년도 추석 당일에 새벽기도를 하는데, 그날 제가 마음에 정해둔 기도의 분량이 있었습니다. 그런데, 엄청 방해가 많은 것입니다. 명절이라서 많은 사람이 들떴는지 일찍일찍 집으로 돌아갔습니다. 그런데, 저는 일정한 시간을 기도하고 싶다는 마음의 감동을 받고 계속 기도를 합니다. 그날은 요한복음의 말씀을 붙들고 기도하고 있었습니다. 제가 붙든 기도제목은 이것이었습니다. '예수님, 누구든지 목마르거든 내게로 와서 마시라고 했잖아요. 그런데, 저는 왜 아직도 목이 마르나요? 주님 제가 목이 말라요. 제 목이 안 마르게 해주세요.' 이 기도를 하는데, 아는 분에게서 전화가 옵니다. 그렇잖아도, 다 집에 가고 없는데 그냥 그 전화 받은 김에 일어나고 싶은 마음이 들었습니다. 하지만, 다시 기도를 시작합니다. 한 10분 정도 기도를 하고 있는데, 또 누가 부릅니다. '그날따라 방송실 음악소리가 유난히 크니까, 가서 줄이라는 것입니다.' 그래서 가서 줄였습니다. 그리고, 또 기도를 합니다.

한 10분 기도를 하는데, 누가 와서 또 부릅니다. '방송실에서 배경음악 CD가 한번 끝나면, 음악이 안 나오는 상태에서 그냥, 기도를 했는데, 왜 다시 음악을 틀어두었느냐.'고 하는 것입니다. 저는 오늘따라 왜 이렇게 기도를 방해하는 일이 많나?라고 하면서, 이젠 기도의 분량을 채우는 것이고 뭐고 간에, 집에 가서 한 숨 자고, 추석을 새러 시골에 갈 것을 준비나 해야 할 것 같다는 생각이 들었습니다. 하지만, 이건 아니라는 마음이 듭니다. 나는 기도의 분량을 꼭 채우고야 말겠다는 각오를 하고, 다시금, 어두운 곳에서 고개를 숙이고 기도를 합니다. '주님 제가 목마릅니다. 성령을 받은 사람은 그 인생에 목마름이 없다면서요. 그런데 저는 왜 이렇게 목마르고 갈증이 있고 공허하고 왜 그렇습니까? 주님. 제 목마름을 해결해 주세요. 명절 끝날 이렇게 외친 주님. 이 명절에도 주님 응답해 주세요.'

근데 이게 또 웬일입니까? 이번에는 모기가 달려들기 시작합니다. 지하실에, 사람이 여럿 있을 때에는 이것들이 나눠서 덤비다가, 저 혼자 있으니까, 다 와서 달려드는 것입니다. 저는 정말 오늘은 기도가 안 되는 날이구나 일어날까?라고 생각을 했습니다. 윙윙 거리면서 왼쪽 귀로 날아옵니다. 그러면서도 저는 그냥 합니다. '주님 제가 목이 마릅니다. 제 목마름을 해결하는 평안과 기쁨과 생수를 부어주세요.' 이런 기도를 합니다. 이번에는 오른쪽 귀에 한 마리가 와서 앉습니다. 그럼, 그것 잡고 또 기도합니다. 계속 여러 마리가 날아다닙니다. 중간에 눈을 떠서 시계를 보니까, 20분만 더하면, 됩니다. 그래서, 이번에는 부르짖어 기도를 합니다. '주님 제가 목이 말라요. 제게 생수의 강이 터지게 해주세요. 생수의 강이 터지게 해주세요.' 그런데, 이게 웬일입니까? 제 마음에 생수가 부어지는 것입니다. 제 마음에 있던 저를 괴롭히던 불이 꺼지면서, 생수의 강이 터져나는 것입니다. 그러면서, 제 마음에 평화의 강물이 흐르기 시작합니다. 너무나 감사했습니다. 너무 감사해서 조금 더 기도하다가 눈을 떠보니, 제가 마음에 정한 시간이 살짝 지나가고 있었습니다. 그날 집에 오면서, 이런 끈질긴 기도를 앞으로 계속하리라 결심하면서, 마음이 너무나도 기뻤습니다.

우리가 기도를 한 시간 매일하고, 또는 기도를 매일 두 시간 하겠다고 자신과 약속을 하는 것이 율법주의입니까? 아닙니다. 이것은 율법주의가 아닙니다. 우리가 성령의 능력을 힘입고, 마귀의 간사한 계궤를 파하는 능력 있는 크리스천이 되기 위해서는, 한 시간 이상 기도하려고 몸부림을 쳐야 합니다. 물론, 성경에 한 시간 이상 기도하라는 말은 없습니다. 하지만, 기도에 힘쓰려면, 한 시간 정도는 기도해야 할 것입니다.[3]

---

3 예수님께서 마 26:40과 막 14:37에서 제자들에게, "너희가 한 시 동안도 깨어 있을 수 없더냐."라고 하셨는데, 많은 영어 성경은 이를 한 시간(one hour)으로 번역을 하고 있으며, 이는 상당히 타당한 번역이다.

기도에 대한 격려 둘 때 원리 - 우리에게 기도거리를 주시는 그분의 목적을 알고 기도하기

누가복음에 나오는 주기도문과, 그에 대한 부연설명을 통해서 배우는 기도에 대한, 두 번째 원리가 있습니다. 저는 이 비밀을 알고 나서 너무나도 놀랐습니다. 너무나도 황홀했습니다. 그것은 바로, 우리가 기도하는 목적과 하나님이 우리에게 기도거리를 주시는 목적이 다르다는 것입니다. 우리의 목적은 대체로 물질적인 것에 있지만, 그분의 목적은 우리가 성령의 충만함을 받아서, 우리가 궁극적인 격려를 받고, 우리의 심령에 천국이 임하기를 원한다는 것입니다. 이 말이 무슨 뜻인지 설명하겠습니다.

13절 끝 절에 보면, 이렇게 되어 있습니다. '구하는 자에게 성령을 주시지 않겠느냐?' 우리가 기도하는 목적과, 우리가 기도하도록 만드시는 목적이 다릅니다. 우리는 무언가를 얻기 위해서 주로 기도를 합니다. 우리가 구하는 것은 바로 11절에 나오는 생선과도 같고, 12절에 나오는 알과도 같습니다. 이것이 바로 우리가 구하는 것들입니다. 우리가 가끔 생선을 구하면 주님은 때론 생선을 주십니다. 우리가 알을 구하면 주님은 때로 알을 주십니다. 하지만, 때론 우리가 생선을 달라고 했는데, 안 주실 때가 있습니다. '주님. 예전에는 이만큼 기도하면 생선 주셨잖아요? 근데 이번엔 왜 생선을 안 주시는 거예요?' 주님은 우리가 기도를 하게끔 자꾸만 기도거리를 만들어 주십니다. 그런데, 궁극적인 목적은 우리가 그 기도제목에 대해서 응답을 받는데 있는 것이 아닙니다. 우리가 기도를 해서 하나님 아버지의 마음을 부음 받아서, 성령 충만한 행복자로 살아가기를 원하는 것입니다.

애들한테 공부하라고 하면서, 100점 맞으면 천원을 주고, 60점

맞으면 천원을 안주는 아버지가 있다고 합시다. 그 아이의 목적은 1000원입니다. 그리고 어떨 때는, 롯데월드에 가는 것입니다. 그게 그 아이의 관심사입니다. 그런데, 아빠의 관심은 그 아이가 좋은 성적을 받고, 나중에 공부를 열심히 하고, 좋은 성적을 받게 되는 데 관심이 있습니다. 마찬가지 입니다. 우리가 생선을 달라고 하고 떡을 달라고 하는 것이 우리의 관심사입니다. 하지만, 우리에게 떡을 주고 생선을 줄 때에 하나님의 관심은 떡이나 생선에 있는 것이 아니라, 우리가 이 땅에 살면서 성령 충만하게, 천국을 경험하면서 살길 원하는 것입니다. 그래서 자꾸만 기도거리를 주십니다. 왜? 기도해야, 성령의 임재와 다스림 가운데 들어가고, 계속 기도해야 성령의 충만함을 받고, 마귀의 공격을 이기는, 영적인 우등생이 되기 때문입니다. 이것이 바로 하나님 아버지의 마음인 것입니다.

때로는, 우리 자녀가 1000원을 위해서 열심히 공부하다가, 나중에 1000원에만 관심을 가지게 되면, 천원을 안주기도 합니다. 그 대신 채찍으로 공부를 하게 만들기도 합니다. 마찬가지로 때로는 무응답을 하십니다. 기도하면서 구하는데 더 힘든 일을 주시기도 합니다. 하지만, 하나님 아버지의 관심은, 우리를 힘들게 만드는 것이 아닙니다. 우리가 그것으로 인해서 무릎 꿇어 기도하고, 성령의 임재 가운데 들어가고, 그분의 다스림 가운데 들어가고, 성령의 충만을 경험하고, 천국을 경험하고, 우리가 진정한 행복자로 서고, 영적인 우등생이 되는 데 있습니다. 우리의 관심은 생선에 있지만, 주님은 그것을 나쁘게 보지는 않습니다. 우리가 그 생선을 상으로 바라보고라도, 그분께 나오길 원하시기 때문입니다. 우리의 기도의 목적은 생선과 알이지만, 주님이 우리에게 기도제목을 허락하시는 이유는 바로 한 가지입니다. 우리가 성령 충만해져서, 강건하고 행복한, 성도다운 성도로 서기 위한 것입니다. 그리고, 우리가 기도응답이 지연되면 지연될수록, 더 많이 기도하게 됨으로써, 성령님의 놀라운 통치와 천국을 맛보게 되기 때문입니다. 이것이 바로 하나님의 놀라운 뜻입니다. 우리 주님은 이렇게도 선하시고 신실하고 사랑과 자비가 무한하신 분입니다.

따라서, 주님이 우리를 기도시키는 목적은 기도하는 가운데 우리가 성령을 부음 받아서 건강한 심령을 소유하게 되는 것이기 때문에, 주님 편에서 보면, 우리의 모든 기도는 다 응답되고 있는 것입니다. 우리 편에서 보면, 우리의 목적이 때로는 이뤄지고 때로는 이뤄지지 않기 때문에, 기도응답이 될 때도 있고 안 될 때도 있다고 생각하지만, 주님이 우리를 기도시키는 목적은 단 하나이기 때문에, 우리의 기도는 늘 응답되는 것입니다. 그분이 우리를 기도시키는 목적은 바로, 우리가 기도시간을 통하여 하나님의 마음 - 성령 - 을 우리의 마음에 부음 받기 때문입니다. 그리고, 우리가 격려를 받고, 우리의 환경에 관계 없이, 그 심령이 행복한 자가 되기 때문입니다.

기도와 격려의 관계

기도가 무엇입니까? 왜 주님은 우리가 기도하지 않아도 다 주시면 되지 왜 우리를 그렇게 힘들게 하는 것일까요? 그것은 바로 두 번째 포인트와 연관됩니다. 주님은 우릴 사랑하시기 때문에, 우리가 더 많이 그분과 교제를 함으로써, 우리의 병든 심장을 더 많이 회복시켜 주시길 원하시기 때문입니다.

주님은 우리가 짧게 기도해도 될 텐데, 왜 우리가 기도하는 시간을 늘이길 원하실까요? 그것은 바로 기도하는 동안 우리의 심장에 그분의 마음을 부어주시기 때문입니다. 우리의 심장에, 그분의 마음을 부음 받는 시간이 바로 기도시간입니다. 우리가 왜 세상에서 고통을 당합니까? 사랑해야 할 것을 사랑하지 않고, 사랑하지 말아야 할 것을 사랑하기 때문입니다. 자신의 아내가 아닌 다른 사람을 사랑해서 고통당합니다. 그런데, 이것을 어떻게 고쳐주십니까? 주님께 기도하는 시간을 늘이면, 그분의 마음을 부어주십니다. 우리의 병든 심장이 예수님의 심장을 닮아가게 됩니다. 세상에서 가장 건강한 심장을 가지게 됩니다. 세상에서 가장 강한 심장은 마라톤 선수의 심장이 아닙니다. 바로 예수님의 심장입니다. 사랑의 심장입니다. 주님은 왜 우리가 오래 기도하길 원할까요? 우리의 심장이 예수님의 심장처럼 되어가길 원하시기 때문입니다. 우리의 심장이 예수님처럼 될수록, 우리는 마땅히 사랑해야 할 것을 저절로 사랑하게 됩니다. 성경을 사랑하게 되고, 하나님을 사랑하게 되고, 우릴 핍박하는 사람을 사랑하게 되고, 선한 일을 사랑하게 되고, 우리는 거룩을 사모하게 됩니다. 이것이 바로 주님이 우리에게 기도를 요구하는 이유인 것입니다.

주님은 우리에게 기도를 오래 시켜서, 율법주의에 빠지길 원하는 것이 아닙니다. 우리가 기도를 오래하고 끈질기게 해서, 우리의 심장이 고침을 받게 되길 원하는 것입니다. 우리가 기도하는 목적을 더 단순하게 말하면, 우리의 심장병을 고치기 위해서입니다. 우리는 다 심장병 환자입니다. 대학병원에 입원해서, 코에 호스를 끼고, 입술이 퍼런 애들만이 심장병 환자가 아닙니다. 마땅히 사랑해야 할 사람을 사랑하지 못하고, 마땅히 사랑해야 할 책을 사랑하지 못하고, 마땅히 긍휼히 여겨야 할 사람을 긍휼히 여기지 못하는 우리. 이것이 바로 우리의 병입니다. 우리는 이런 병을 가지고 태어나고, 이 병 때문에 우리는 인생이 괴롭습니다. 하지만, 우리가 기도를 하는 것에 비례해서 주님은 우리의 병을 고쳐 주십니다. 주님이 우리의 병든 심장을 수술하는 시간이 바로 우리의 기도시간인 것입니다. 이 심장이 고쳐지면 질수록 우리의 삶이 행복해져 갑니다. 마땅히 사랑해야 할 것을 사랑하게 되기 때문입니다. 우리는 떡을 목적삼고 생선을 목적삼지만, 주님이 우리에게 기도거리를 허락하시는 목적은 바로, 우리가 심장을 고침 받고, 마땅히 사랑해야 할 것들을 사랑하면서, 정말로 복되고 행복한 인생을 살아가길 원하는 것입니다. 이것이 바로 기도의 궁극적인 목적인 것입니다.

삼위일체 하나님- 우리의 궁극적인 격려자

이 책의 앞부분에 격려에 대해서 간략하게 언급을 했습니다. 격려는 우리의 심장에 들어와서는 안될 것들을 몰아내는 일을 하고, 우리의 심장을 온전한 심장이 되게 하는 것입니다. 즉, 격려라는 말, encouragement라는 말은 심장을 심장되게 하는 것입니다. 그 속에 두려움이나 낙심이 있을 때에, 그러한 것들을 몰아내고, 그 심장이 온전한 심장이 되게 하는 것입니다. 우리는 보통 다른 사람이나, 책을 통해서 이러한 격려를 경험합니다. 그런데, 우리의 심장을 궁극적으로 온전케 하는 것이 바로 하나님이 하시는 일입니다.

우리는 아담의 범죄 이후에, 깨어진 하나님의 형상과, 깨어진 심장을 가지고 태어납니다. 생리적으로 이상이 없는 심장이지만, 정서적으로나 영적으로는 병든 심장을 가지고 태어납니다. 그 병든 심장을 그대로 놓아두면, 우리는 고통을 당합니다. 그 심장을 방치하면,

우리는 자기를 사랑하고, 돈을 사랑하고, 쾌락을 사랑하고, 그것들에 탐닉하게 됩니다. 그 병이 더 심해지면, 자기의 배우자가 아닌 이성을 사랑하게 되고, 다른 사람의 것을 탐내고 사랑하게 되고, 필요 이상의 명예를 사랑하게 되고, 필요 이상의 권력을 탐하고 사랑하게 됩니다. 자신이 마땅히 사랑해야 할 것들을 사랑하지 못하고, 자신에게 고통을 가져다주는 것을 사랑하게 되면, 인생이 고통스러워집니다. 그런데, 우리는 그런 상태로 태어납니다.

하지만, 하나님의 격려는 우리의 그런 심장병을 고쳐주는 약이 됩니다. 그 하나님의 격려는, 우리가 기도할 때에 그분께서 우리의 심장에 부어주시는 그분의 사랑입니다. 예수님의 마음을 부어주시고, 하나님의 마음을 부어주시고, 성령님의 마음을 부어주십니다. 이것이 바로, 기도할 때에 우리의 심장에 일어나는 격려입니다. 우리의 심장을 원래의 건강했던 심장, 죄를 짓기 전에 가지고 있던 심장으로 복원시켜주시는 것입니다. 공포를 모르던 그 심장으로, 낙담을 모르던 그 심장으로 우리의 심장을 수술시켜주시고, 약을 발라주시는 시간이 바로, 우리의 기도 시간입니다. 따라서, 우리가 원하는 물질적인 것들이 기도를 통해서 응답을 받아도, 우리는 조그만 격려를 받게 되지만, 우리가 원하는 생선이나 물질이 기도를 통해서 주어지지 않아도, 우리는 더 기도하면서 그분의 격려를 받고, 우리의 선천성 심장병을 더 많이 고침을 받기 때문에, 더 궁극적인 격려를 받게 되는 것입니다.

술을 너무 많이 사랑하는 한 사람이 있습니다. 이러한 술에 대한 사랑의 마음을 그대로 두면, 그 사람은 알코올중독으로 비참하게 됩니다. 그런데, 이러한 술을 사랑하는 마음을 그대로 두고, 병원에 다닌다든지, 아니면 술 먹는 돈을 줄인다든지 하는 것은 별 도움이 되지 못할 것입니다. 하지만, 어떤 부작용이 없는 약이 있어서, 그 약을 먹으면 술을 먹고 싶은 마음이 아예 생기지 않는다고 하면, 그 약을 먹어야 할 것입니다. 그 술을 사랑하는 마음이 사라질 때까지 먹어야 할 것입니다. 술을 사랑하는 마음이 사그라들면, 그 사람은 쉽게 알코올 중독이라는 병에서 빠져 나와서, 행복한 삶에 한걸음 더 나가게 될 것입니다. 마찬가지로, 우리가 사랑해서는 안 될 것들을 사랑하는 우리의 심장을 고치지 않고 그대로 두면, 우리는 고통스런 인생을 살 것입니다. 하지만, 우리의 심장이 우리가 사랑해야 할 것들을 사랑하는 심장으로 바뀌어가면 갈수록, 우리는 행복한 삶을 살게 될 것입니다. 하나님 아버지의 마음이 바로 이것입니다. 우리의 심장이 원래의 심장을 회복하는 것. 즉, 우리의 깨어지고 고장난 심장이 점점 회복되어서, 행복한 삶을 살기 원하는 것입니다. 이것은 바로 기도라는 통로를 통해서, 하나님의 마음이 우리의 병든 심장에 부어질 때에 가능한 것입니다.

제가 커피를 너무나도 좋아해서, 하루에 8잔을 마시기도 했습니다. 그런데, 이것을 그대로 두면, 저는 건강을 망치게 될 것입니다. 그런데, 그것이 저의 심장에 안 좋다는 것을 알면서도 끊거나 줄이지 못하고 계속 많이 마셨습니다. 그런데, 그렇게 끊기 힘들던 것이 어느 날부터인가 쉽게 끊어지게 되었습니다. 그것은 바로, 커피에 대한 욕구가 없어지고, 더 이상 커피가 당기지 않게 되고, 커피 향이 더 이상 사랑스럽지 않은 것입니다. 이렇게 되니까, 커피가 자연히 끊어지게 되었고, 건강이 한결 좋아지고 머리가 많이 맑아지는 것을 경험하게 되었습니다. 나의 심장이 그것을 더 이상 사랑하지 않게 되니까 저는 한결 몸이 가벼워지고 머리가 맑아지는 행복을 누리게 되는 것입니다.

우리 인간은 태어날 때에, 영적으로 선천성 심장병을 가지고 태어납니다. 아담 이후에 태어난 모든 인간이 그렇습니다. 이것을 바라보시는 하나님 아버지의 심정은 너무나도 안타까운 것입니다. 우리의 심장은 약합니다. 그래서, 공포가 오면, 오그라듭니다. 우리의 심장은 약합니다. 그래서, 낙심이 오면, 쉽게 위축이 됩니다. 원래는 우리의 심장이 그렇지 않지만, 아담의 타락 이후에 그렇게 된 것입니다. 그래서, 하나님 아버지께서는 우리의 심장이 오그라들고 위축될 때 우리가 기도하면, 그런 증상을 순간적으로 없애주십니다. 하지만, 그 근본적인 치유와 우리의 심장의 건강을 위해서 우리가 평생 동안에 해야 하는 것은, 아버지의 마음, 온전한 마음, 두려움이 없는 마음을 우리의 심장에 계속해서 부음 받는 일-기도-을 해야 합니다.

결론적으로, 우리가 원하는 것이 주어지면, 그것을 인해서 우리는 격려를 받게 됩니다. 또한, 우리가 원하는 것들이 주어지는 시기가 늦어지는데도 계속 기도를 하면 할수록, 우리는 더 많은 격려(심장병의 고침받음)를 받게 되는 것입니다. 그래서, 모든 응답 받는 기도와 응답을 받지 못하는 기도는, 하나님이 보실 때에는 '격려라는 목적'이 이뤄진 것이기 때문에, 궁극적인 관점에서는, 다 응답된 기도가 되는 것입니다. 즉, 즉각적으로 응답 받는 것은 순간적인 격려-심장의 심장되게 함-이지만, 지연된 응답은 더 많은 격려의 마음을 받게 하기 때문에, 장기적이고도 궁극적인 격려가 -심장의 심장되게 함- 되는 것입니다. 여기에 놀라운 하나님의 기도에 대한 격려가 있습니다. 그러니까, 기도가 즉각 응답되면, '아하! 아버지께서 내게 순간적인 격려를 주시니 감사하구나.'라고 하면 되고, 기도의 응답이 지연되면, '아하! 하나님이 나의 심장을 격려의 심장이 되게 하고 계시는구나.' 라고 여기면 되는 것입니다. 이렇게, 장기적으로 꾸준한 기도를 하게 되면, 하나님의 격려와 사랑의 마음을 닮아서, 나중에는 다른 사람들을 격려하는 사람이 되어 갑니다. 이것이 바로 성령의 역사입니다. 성령은 옆에서 격려하시는 영입니다.

우리가 가르치는 학생들을 격려하고, 그들이 하나님의 격려를 받게 하고, 또한 그들이 남을 격려하는 사람들이 되게 하는 것. 이것이 바로 격려의 교육학입니다. 하나님과 다른 사람들로부터 격려를 받으면 받을수록, 그 심장은 복을 누리는 심장이 되고, 그 사람은 행복한 사람이 됩니다. 격려의 교육학은 그래서, 내가 행복하게 되고, 나의 제자들이 행복하게 되는 교육학입니다. 그 행복한 사람의 심장은 다음과 같은 것들로 점점 가득하게 됩니다.

심령의 가난한 상태, 애통할 줄 아는 마음, 온유하고 겸손하고 하나님께 순종하는 성향, 의를 추구하는 성향, 남을 긍휼히 여기는 마음, 청결한 마음, 화평을 추구하는 성향, 의를 위하여 고난을 감수하는 자세. 우리가 가르치는 제자들이 이런 마음을 점점 발달시켜 나감으로써, 행복한 인생이 되게 하는 것. 이것이야말로 격려의 교육을 하는 교사/부모의 최대의 행복일 것입니다.

참고문헌

맥도날드, G. (1994). **격려와 책망**. 김병년 역. 서울: 한국기독학생출판부.

맥스웰, J. (2008). **모든 것을 변화 시키는 격려**. 최형근 역. 서울: 넥서스북스.

밀러, C. (2006). **격려: 사람을 살리는 가장 큰 힘**. 배응준 역. 서울: 규장.

빙햄, D. (1998). **격려**. 김광남 역. 서울: 기독교연합신문사.

제임스, M. (2004). **격려의 힘**. 서울: 에코비즈.

존슨, R (1999). **격려.** 정지홍 역. 서울: 하늘사다리.

크랩, L. (2986). **격려를 통한 상담**. 오현미 역. 서울: 나침반출판사.

핑크, A. (1989). **그리스도인을 위한 하나님의 위로와 격려**. 서울: 여수룬.

황용현 (2004). **격려의 파워를 체험하라**. 용인: 아미출판사.

Allison, D. C. (1988). Matthew. T&T Clark.

Best, E. (1998). Ephesians. T & T Clark.

Bloomberg, C. (1992). Matthew. Broadman Holman.

Bock, D. (1994). Luke. Baker.

Bock, D. (1996). Luke. Zondervan.

Bruce, F.F. (1984). The Epistle to Ephesians. Eerdmans.

Carson, D.A. (1984) Matthew. Grand Rapids: Zondervan.

Crabb, J & Allender, D. (1990).Encouragement: The Key to Caring. Grand Rapids: Zondervan.

Dieter, J. (2008). The gift of encouragement. Cedar Rapids.

Dinkmyer, D. (1995). Leadership by encouragement. CRC Press.

Dinkmyer, D. (1995). Skills of encouragement. CRC Press.

Dravercky, D. (1998). Do not lose heart. Grand Rapids: Zondervan.

Fitzmyer, K. (1982). Luke. Yale Press.

France, R.T (2007) . The Gospel of Matthew. Eerdmans.

Green, K (1997). The Gospel of Luke. Eerdmans.

Hagner, D. A. (1993). Matthew. Thmoas Nelson.

Hohener, H.W. (2002). Epehsians: An Exegetical Commentary. Baker.

Jeremiah, D. (1997). Power of Encouragement. Sisters, OR : Multnomah Publishiners.

Jeremiah, D. (2006). The Joy of Encouragement: Unlock the power of building up others. Sisters, OR : Multnomah Publishiners.

Jodeit, C. (2007). Simply God, Encouragement for the Soul. Mustang, OK: Tate Publishing & Enterprises.

Johnson, L. (2006). The Gospel of Luke. Liturgical Press.

Lincoln, A. T. (1990). Ephesinas. Thomas Nelson.

Littauer, F. (1996). Silver Boxes:The gift of encouragement New York: Martin Press.

Marhsall. K. (1978). The Gospel of Luke. Eerdmans.

Maxwell, J. (2008). Encouragement changeseverything:Bless and Be Blessed. Nashiville: Thomas Nelson.

Morris, L. (1992). The Gospel According to Matthew. Eerdmans.

Nolland, J. (1989). Luke. Thomas Nelson.

Nolland, J. (2005). The Gospel of Matthew. Eerdmans.

O'Brien, P. T. (1999) The Letter to Epehsians. Eerdmans.

Stott, J. R. (1991). The Message of Ephsians. InterVarsity Press.

Swindoll, C. (2006). Encouragement for life:Words of hope and inspiration. Nashiville: Thomas Nelson.

Wilkins, M. J (2004). Matthew. Zondervan.

Willard, D. (2002). Renovation of the heart. Colorado Springs: Navpress.

부록 1

격려의 교육철학(도표로 요약) 1

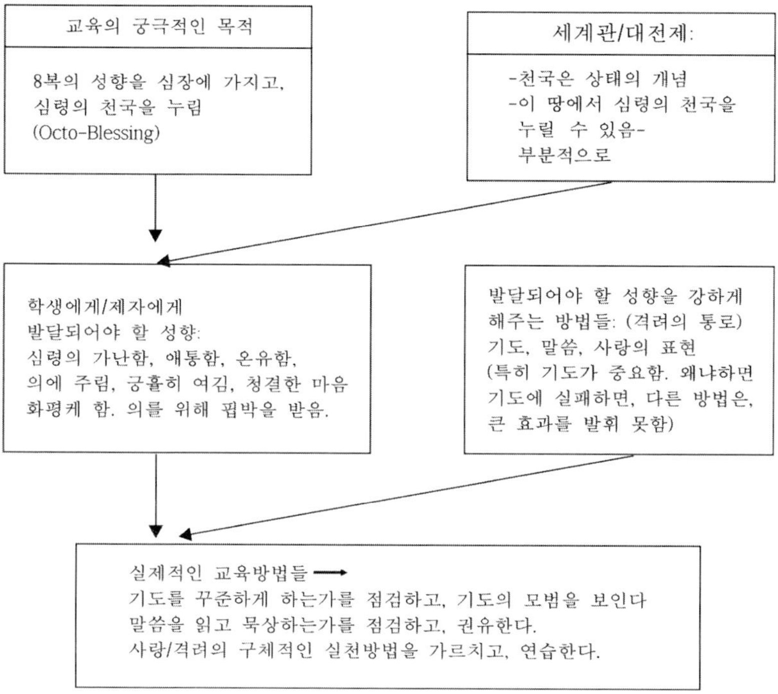

1 심장/성향의 회복 = 고통의 줄어감 = 점점 행복해짐
= 마땅히 사랑해선 안될 것을 점점 멀리하게 되는 성향이 되어감
= 마땅히 사랑해야 할 것을 점점 가까이 하게 되는 성향을 띠게 됨
= 두려움과 점점 멀어지고 점점 평안을 많이 경험함

부록 2

격려와 연관된 단어들의 정리[2]

단 어	의 미	부연 설명
격려	아담의 타락 이후, 인간의 깨어진 본성/ 성향/ 심장을 복원해가는 추상적 과정. 따라서 넓게는 '성화'와 동의어로 볼 수 있음.	단지, 용기를 가지게 하는 것이 아니라, 깨어진 '심장'을 원형의 '심장' 되게 하는 것임. 심장은 단순히 우리의 감정이 머무는 곳이 아니라, 인간의 가장 깊은 곳에 자리한 본성 및 성향을 말함. 즉, encouragement 의 'cor'를 단순한 심장으로 보는 것이 아니라, 인간의 깊은 곳에 있는 본성으로 보는 것이다.
경녀 (표현된 격려로서 필자의 꿈속에 나온 격려의 여인을 지칭함. 즉 체화된 격려를 말함)	인간의 깨어진 심장/ 성향을 복원해 가는데 필요한 실제적인 약들(藥; medicine) - 하나님과의 교제 및 사람과의 사랑의 관계에서 옴.	우리가 격려를 받으면, 우리의 심령에 두려움이 사라지고, 천국이 임하게 되고, 사랑해야 할 것을 사랑하게 됨. 이런 의미에서, '표현된 사랑'과 의미적 동의어는 아니지만, 실효적인 동의어라 할 수 있음.
사랑	고린도전서 13장에 나오는, 비교적 추상적 개념으로서의 사랑.	추상명사로서의 사랑. 그 자체로서는 아무런 효용이 없음.
표현된 사랑	베드로전서 1:21-22에 나오는, 실천으로서의 사랑.	동사로서, 나타난 사랑. 온전한 사랑이 우리에게 임하면, 두려움이 사라짐.
파라클레토스 (격려하는 자)	성령님을 설명할 때 예수님이 쓰신 단어. 우리말 성경에 보혜사로 되어 있음.	또 다른 보혜사라고 되어 있으므로, 예수님도 본질적으로 '격려하는 자'이셨다.
파라크레시스 (격려)	추상명사로서의 격려임.	격려의 아들이라고 했을 때에, 바나바를 지칭함. 바나바도 본질적으로 격려하는 자였음. 우리말로는 권위자로 표현됨.

2 격려: 경녀 = 사랑: 표현된 사랑
= 파라크레시스(권위;encouragement): 파라크레토스 (보혜사;encourager)

에필로그

저는 격려라는 단어는 자주 들어보았지만, 격려를 많이는 경험하지 못하면서 학창시절을 지냈습니다. 늘 고개를 숙이고, 땅을 바라보면서, 풀이 죽은 채로, 어깨를 늘어뜨리고 다녔습니다. 중학교 시절에, 우리 중학교는 전교생이 태권도 시범을 보이는 학교로 지정되어 전교생이 태권도 연습을 했습니다. 그런데, 발표 일이 다가오자, 체육선생님은 전교생이 주일날에도 나와서 연습을 할 것을 명령했고, 저는 주일 성수로 인해서 연습에 나오지 못하게 되자, 월요일에 전교생이 보는 앞에서 뺨을 맞고 바닥에 뒹굴었습니다.

또한, 14살에는, 승용차에 치어서 큰 교통사고가 나서, 여러 달 동안 병원신세를 지기도 했습니다. 고등학교 시절에는 자폐증에 걸려서, 혼자서 학교 화장실에서 밥을 먹었습니다. 친구들이 놀려대자, 학교 창고에 가서 혼자 밥을 먹기도 했습니다. 주일을 껴서 단체로 수학여행 가는 것을, 주일 성수를 이유로 같이 못 간다고 했더니, 토요일에 혼자 나와서 자율학습을 하라고 해서, 혼자 자율학습을 했습니다. 비염과 축농증이 너무나도 심해서, 정신집중을 하지 못했습니다. 하룻밤에 휴지를 한 통을 다 써야만 했습니다. 그러다, 목회자의 가정에서 자라면서 생기는 정신적인 압박과 공부에 대한 스트레스를 이기지 못하고 가출을 하기도 했습니다. 다행히, 고2가 되어서 자연적으로 그 병이 치유되어서, 공부를 하여 대학에 들어가게 되었습니다.

대학에 들어가서는 방황을 했습니다. 여름방학이면 지하철 2호선을 타고 종일 돌았습니다. '나는 장래에 뭘 할까?'를 고민하면서, 하루를 허비했습니다. 시험기간에도 공부를 열심히 하지 않아서, C나 D를 맞기도 하고, F도 한 번 맞았습니다. 군대를 갈 때가 되어, 육군 사병으로 가게 되었는데, 허리가 아파서 편한 데로 빠질 줄 알았더니, 강원도 철원의 소총소대로 배치되었습니다. 허리가 아프다고 말하려 했더니, 두 명의 고참이 말합니다. "네가 허리 아프다고 하면, 우리가 후방에 있는 병원으로 가는 데 지장이 생기니까, 허리 아프다는 말 하지마. 그러면... 알지?" 그래서, 저는 소리 나는 허리, 다친 허리로 장기간 행군을 하면서, 겨울을 세 번 나면서 군생활을 했습니다.

당시에 저는 인생의 힘든 일들과 낙심케 하는 일들이 생기는 원인은, 모두 저의 성장환경 때문이라고 믿었습니다. 나의 환경이 바뀌면 내가 행복했을 텐데 라는 생각을 하면서 살았습니다.

신학과 교육학을 공부하던 9년 동안의 유학생활 동안에도 저를 낙담하게 하는 일이 많이 있었습니다. 돈을 아끼려고 학교의 라운지에서 밤에 자다가 학교경찰에게 걸려서, 울기도 했습니다. 교회사역을 하는데, 사례비를 못 받고, 울었던 적도 있습니다. 한 교회에서 어른 예배시간에 아이들을 돌보는 일을 하다가, 한 성도님이 예배시간에 자기 애완견을 좀 보라고 해서, 개를 보는 일도 했습니다. 너무나 먼 사역지에서 우리 부부가 같이 일을 하다가, 두 살 바기 아들이 흙바닥에 기어 다니는 것을 보고, 울면서 사표를 내기도 했습니다. 또한 사역을 하고 싶은데, 본의 아니게 2년 동안 사역을 쉬게 되면서, 내 자신의 무능력이 비참해 보여서 많이 낙심했었습니다. 아내와 함께 교회개척을 하기도 했는데, 그 기간 동안 성도가 단 한 명도 생기지 않자, 다시 한번 좌절하고 많이 울었습니다. 고열에 일주일 동안 시달려서, 마켓에 뛰어가서 음료수 여러 병을 사서 그 자리에서 다 마신 적도 있습니다. 둘째 아이가 태어나기 직전에, 저는 전신마취를 하고 수술을 하기도 했습니다.

"격려가 없었더라면 나의 인생이 어떻게 됐을까?"

저는 이런 질문을 해 봅니다. 저는 아마도 모든 것을 포기하고 말았을 것입니다. 모든 것을 놓아버리고, 말았을 것입니다. 사명도 포기하고, 공부도 포기하고, 가정도 포기했을 것입니다. 어쩌면 저의 삶을 포기 했을는지도 모릅니다. 하지만, 제게는 격려가 있었습니다. 첫째로, 기도 중에 주시는 주님의 격려가 있었습니다. 둘째로, 성경 말씀이 주시는 격려가 있었습니다. 셋째로, 아내와 부모님이 주시는 격려가 있었습니다. 넷째로, 친구와 선후배 동역자들의 격려가 있었습니다. 아마도 이런 격려가 없었다면, 저는 일찍이 많은 것을 포기하고 말았을 것입니다. 하지만, 내 안에서 선한 일을 시작하신 그분께서, 모든 어려움을 극복하게 하셨고, 지금도 그 선한 일을 이루어 가고 계십니다. 지금까지도 저를 격려하시면서, 제 안에서 일들을 행하셨고, 앞으로도 저를 격려하시면서 모든 선한 일들을 이루어가실 것입니다. 지금까지도 주님의 격려와 은혜로 살았듯이, 앞으로도 그렇게 살 것입니다.

제가 인생을 많이 살았거나, 고생을 많이 했기 때문에 이 책을 쓴 것은 아닙니다. 저는 단지, 더 많은 사람들을 격려하고, 그들에게 용기를 주고, 그들의 마음과 심장이 뜨거워지고, 격려 받고, 온전해지기를 바라며 이 책을 준비했습니다. 격려를 통해서 우리는 보다 더 온전한 사랑을 경험하고, 보다 더 건강한 심장의 회복을 경험합니다. 왜냐하면, 온전한 사랑은 용기를 주고 두려움을 내어 쫓아 주기 때문입니다.

성경은 격려하는 교육에 대해서 말하고 있습니다. 격려를 통해서, 학생들과 자녀들의 심장/성향이 원래의 건강했던 심장/성향을 회복하게 되어서, 마땅히 사랑해야 할 것을 사랑하게 되고, 사랑해서는 안될 것을 멀리하게 되어서, 고통에서 점점 벗어나서, 건강한 심장의 원형을 회복하는 치유를 경험하고, 참된 행복자가 되게 하는 것, 마음의 천국을 풍성하게 경험하게 하는 것이, 바로 기독교적 관점에서의 교육의 목표이자 교육의 과정인 것입니다.

하지만, '격려'만으로는 안됩니다. 추상적인 개념으로서의 격려는 쓸모가 없습니다. 현현(顯現)된 격려인 '경녀'가 우리에겐 필요한 것입니다. 저의 꿈에 나와서, 저 대신에 설교하고 갔던 그 '경녀'. 예수님이 사랑의 말씀(logos) 자체이시지만, 사람의 몸을 입고 우리에게 구체적으로 나타나셔서(incarnation), 사랑의 지극한 표현을 몸소 하셨듯이, 우리는 격려를 표현하고 실천하는 삶을 살아야 합니다. 이것이 바로 필자가 이 책 전체를 통해서 드리고자 하는 메시지인 것입니다. 우리가 하나님께로부터 격려 받고, 다른 사람을 격려하는 인생을 살아간다면, 그 삶이 진실로 복되고 복될 것입니다. 그것이 바로, 가장 위대한 선생님이셨고, 가장 위대한 의사이셨던 예수님의 삶이었고, 그분을 따르는 모든 이들의 삶이 되어야 합니다.

이 책을 읽는 모든 분들(교사, 예비교사, 학부모, 교회학교 교사, 교역자, 대학생)이 격려하는 교육자가 되길 바랍니다. 격려야 말로, 교육의 목표이자 과정입니다. 격려는 사랑과 효용적 동의어이고, 사랑이 인생의 가장 큰 가치라면, 격려하는 사람은 인생에서 가장 값진 일을 하는 자입니다. 설사, 그가 교육의 일선에 있는 자가 아니라 할지라도. 그리고, 격려는 예수님이 이 땅에 계시면서 하신 일의 종합이었습니다. 가르치고, 치료하고, 전파하는 사역을 통해서, 그분이 원하시는 것은 인간의 심장(영혼의 가장 깊은 곳)의 변화/회복이었습니다. 그리고, 그분은 또 다른 격려자인, 성령을 보내 주셨고, 성령님이 지금은 그 사역을 하고 계십니다.

요컨대, 가장 위대한 교사였던 예수님을 닮은 교사/교육자는 예수님이 하신 것처럼, 격려하는 교육을 통해서 영혼들/제자들의 심장이 행복을 누리는 자가 되도록, 그들을 격려하고, 그들로 하여금 주님의 격려를 경험하도록 하는 사람입니다. 격려하는 교육자는 최상의 교육자이고, 최고의 삶을 사는 자입니다.

찾아보기

【주　　제】

【인　명】

더 블레싱 -격려의 교육이 주는 복-

2009년 3월 10일 1판 1쇄 인쇄
2009년 3월 15일 1판 1쇄 발행

저 자: 최 영 찬
발행인: 김 동 규
발행처: 교육과학사

저자와의 협의하에 인지생략

경기도 파주시 교하읍 문발리
파주출판문화정보산업단지 514-5
전화 (031) 955-6956~8 / FAX (031) 955-6037
Home-page : www.kyoyookbook.co.kr
E-mail : kyoyook@chol.com
등록 : 1970년 5월 18일 제2-73호

낙장·파본은 교환해 드립니다.
정가 7,000원

Printed in Korea.
ISBN 978-89-254-0274-1